TKC創設者に学ぶ

職業会計人の経営維新

今こそ真に役立つ指導者足れ!!

税理士
経営士
神野 宗介

はじめに

「政治家をバカにしても、政治をバカにしてはいけない」

常々私が口にしている言葉ですが、平成二十四年十二月の総選挙は、まさにそれを明らかにする結果となりました。日本国民の大半は、政治の重要性を認め良い選択をしたと思います。政治は国家の運命を左右し、国民の生命と財産を守るという重要な役割を持っているからです。

その最も重要な点は、政治も一つの組織であり、リーダーの持つ思想、理念、そして決断によって、その組織の運命が決するということです。これは総ての組織に言えることです。

職業会計人の組織も例外ではありません。

果たしてこの意味を理解し実践している職業会計人は、どの程度いるでしょうか。

私は十年前になりますが『ＴＫＣ会員会計事務所の経営維新』(ＴＫＣ出版)を上梓し「まえがき」に次の文章を載せました。

「……『職業会計人の職域防衛と運命打開』にいう『職域防衛』とは、我々自身を防衛することではない。それは、我々の顧問先である中小企業を守り、防衛することであり、その結果として運命打開につながるという意味だ。残念なことに、この部分を分かっていない会員先生が少なくない。自分たちだけを防衛して中小企業がなくなったらどうなるか。仕事をやらない、金をかけない、責任をとらないという態度で、なぜ顧問料をいただけるのか。このようなことが分からない会計人には、未来を切り拓くことはできないであろう。……」

十年経っても、私のこの危惧は変わっていないようです。

また職業会計人を間違いなく脅かすであろう「税理士・会計士業界に押し寄せる五つのメガトレンド」として、第一の波：自計化、第二の波：税制改革、第三の波：企業リストラ、第四の波：国際化、第五の波：会計事務所の法人化・合併もあわせて載せました。

十年経ってこの波は、もはや現実のものとなり、本来業務を果たしていない職業会計人の存在そのものを脅かしています。

「生涯勤労学徒たらん」と心得ている私たちＪＰＡ総研グループは、仕事を通して日々の成長を心がけていますが、十年経っても「職域防衛と運命打開」の意味を理解せず、時代の流れに対応しようとしない会計人は、どうやって今後を生き抜いて行くのでしょうか。もはや勝ち残りではなく、生き残れるかどうかの時代に入っています。

ＴＫＣ創設者・恩師飯塚毅先生に師事して四十五年、まがりなりにも先生の教えを実践してきた私は、自信を持って「先生の教えは間違いなかった」と言えます。

何かを始めるに際し、遅すぎることはないと私は自分に言い聞かせています。なにより大切なことは行動するかどうかです。良いとわかっても実践しなければ、何も変わりません。

本書は、恩師飯塚毅先生の教えを実践してきた体験を基に、職業会計人の進むべき方向性の参考になればと思いまとめたものです。

私たち職業会計人は国家を背負っているという自覚に立ちかえり、日本を元気にする集団になりたいと強く願っています。

平成二十五年一月吉日

日本パートナー税理士法人　代表　神野宗介

目次

はじめに 1

序章　職業会計人は危機管理業なり

一　危機管理の本番の時を迎えた今、惰眠から眼を覚まそう 10

二　職業会計人は果たして指導者足り得るか?! 12

三　会計事務所経営にまつわる四つの「神話」 14

四　神話から脱皮する三大意識改革の覚悟はあるか?! 16

五　職業会計人の経営維新、それは、中小企業、納税者国民をこの危機の時代から必死で守り切るとの指導者魂で取り組むことである 21

第一章　今、記帳代行型会計事務所の集団死滅の危機迫る!!

一　クラウド会計ソフト出現で記帳代行型会計事務所の存在感がなくなる 24

二　税理士法上の頼みの綱「無償独占」の法改正の危機迫る 26

三　平成二十五年三月の金融円滑化法廃止に伴う中小企業経営力強化支援法で積極的な取り 29

組みをしない会計事務所から顧問先離れが始まる‼
四、消費増税の5%から8%、8%から10%への処理は、自計化が前提
記帳代行型会計事務所に危機感を抱く職員の大量退職が始まる‼ 31
五、デフレ不況本番、赤字会社の大倒産ラッシュ
顧問先の債権者から不作為の罪を問われる時代が来た?! 34

第二章　ＴＫＣ創設者 恩師 飯塚毅先生の教え
—職業会計人が指導者足り得る五大教訓

第一の教訓　先見性と洞察力で環境の変化を先取りせよ 41
第二の教訓　ＴＫＣ会計人とはいかなる会計事務所をいうのか 44
第三の教訓　巡回監査の完全実施の意味と重要性、そして覚悟とは 50
第四の教訓　若い世代を含み、いかに人を育てるか 52
第五の教訓　現状肯定を打破し明日を生きる為の条件とは 64

第三章　恩師飯塚毅先生から学んで真似て実践した
我が職業会計人の「経営維新」その四十五年の軌跡

一　恩師飯塚毅先生の教えの第一は『主体性の確立をせよ‼』であった 73

二　職業会計人の経営維新それはＴＫＣ理念「自利利他」と「光明に背面なし」を素直に実践することであった　76
三　巡回監査一〇〇％の実践、企業防衛保険指導で「満腹作戦」を徹底断行したことが信頼の踏み絵となり経営維新断行の礎となった　78
四　ＴＫＣのサクセスビジネスモデル、「ニューＫＦＳ」を全顧問先に全社例外なく、そして燃える情熱と正しい使命感で実践断行した我が事務所の経営維新　81
五　ビジネスドクターたるプライドで、戦略マシーンＦＸ２を活用、継続ＭＡＳで黒字会社七〇％超を実現、そして書面添付つき電子申告で九九・五％の申告是認体制を確立すべく、職業会計人として必死で取り組んだ経営維新四十五年の軌跡　83
六　中小企業の経営力強化支援法で元気会社づくりの真価が問われる！　89
七　職業会計人の経営維新・元気会社づくりの具体的実践
その1…ヤル気の土俵づくり　94
その2…儲かる仕組みづくり（参考資料付）　99

第四章　職業会計人の経営維新対談

一　ＴＫＣ全国会設立の原点に返れ
税理士法人岡山税務会計総合研究所　会長　松本　清氏　112
二　税理士の本来業務に徹することが経営維新
税理士法人中央総合会計事務所　所長　中込重秋氏　127

三　飯塚毅初代会長の書籍を熟読玩味する運動でＴＫＣ理念の承継を　157
株式会社ＴＫＣ　相談役　高田順三氏

第五章　ＴＫＣ創設者 恩師 飯塚毅先生から「職業会計人は果たして指導者なのか」との檄を飛ばされ27年間取り組んだ第27回「ＪＰＡ秋季大学」沖縄大会での総括

一　第27回ＪＰＡ秋季大学 名誉学長の講話　197
二　成功体験及び分科会の発表に対する名誉学長の総括と講評　203
三　我が社を代表する表彰職員の成功体験発表
（1）戦略経営支援を起点とする黒字化とワンストップサービスの実践　横浜支社　三田将之　208
（2）継続ＭＡＳと書面添付つき電子申告で関与先の完全防衛　渋谷支社　野田洋介　212
（3）黒字決算…五年目の悲願達成　郡山支社　増子仁子　216
（4）～震災をチャンスに変えた戦略経営支援～　郡山支社　神　通浩　220
（5）戦略経営支援の効果測定　吉祥寺支社　小暮高史　224
（6）「5Sと文書管理」　本部　齋藤真理子　229
四　ＪＰＡ総研グループ「業務維新」へ向けた分科会の成果発表
第一分科会　巡回監査、決算監査のレベルアップを目指して　234
―自計化指導の徹底、四十日決算の一〇〇％実現―
第二分科会　書面添付と電子申告の完璧を期して　～税務調査立会不要、　244

意見聴取完全対応水準確保のためのテキストブック～
第三分科会　『戦略経営会議指導による継続ＭＡＳシステム導入一〇〇％の実現を‼』　255
プロ中のプロとしてのビジネスドクターたらん‼
第四分科会　遺族に尊敬される相続対策指導の完成を目指して、ゆりかごから　269
墓場までの実現（ハッピーエンディングノートを含む）
第五分科会　リスクマネジメントプロフェッションとして『企業の危機管理の指導体制　281
の確立』
―個人・法人の人的・物的財産を人災・自然災害から守りきる‼―
第六分科会　総務・経理・ＯＡ・ＩＴ　総務部が支える内部管理業務　296
その対外・対内向けヒューマン・コミュニケーションの促進役として！
おわりに
我々職業会計人が経営維新を断行しなければ誰が中小企業を完全防衛できるのか　302
黒字会社づくり、申告是認体制づくりこそがビジネスドクターとしての役割　304
職業会計人の経営維新となるのである
ＪＰＡ総研グループ参考資料　307

序章

職業会計人は危機管理業なり

一　危機管理の本番の時を迎えた今、惰眠から眼を覚まそう

「はじめに」で指摘したように、十年前に予言したことが現実のものとなり、税理士・会計人業界はまさに本物のビッグバンが到来したと言っても過言ではありません。いやそれ以上に今は維新改革が必要な時であると言えます。

第一のビッグバンとして挙げた、「規制緩和による非会計人集団の参入」は、クラウド会計の登場で加速度的な低価格競争という流れが現実になってきています。安売り競争です。

さらに、第二のビッグバンとして挙げた、「国際会計基準の導入」により、中小企業の会計基準の見直しから無償独占廃止の動きへとつながる可能性が否定できない状況にあります。

そして第三のビッグバンとして挙げた「電子商取引、ホームバンキング、電子申告体制の確立」はすでに当たり前のものになり、国税当局もその対応策として非会計人集団の参入も辞さないという考えになっているようです。

十年前と比較して環境が大激変し、「会計事務所集団死滅」の時が来たのです。かつては「勝ち残り」だったのが、いまや「生き残り」の時代です。

その現実を見て私は、職業会計人の今後に猛烈な危機感を持っているのです。

国家を背負う重要な使命と役割を持つ誇りある職業でありながら、その役割を果たさず事務所が廃業に追い込まれてしまうのではないかと心配でなりません。

そもそも税理士の役割は何でしょうか。

それは単に決算書をつくり税務申告をするだけではありません。税理士法には事業所得を計算し、適正適法な税務申告をする旨が記されています。その意味は会社を黒字化し税務調査立ち会い不要の申告書を作成指導せよということです。それができてはじめて税理士本来の役割を果たすことができるのです。

それは経営者が経営に専念できる環境をつくるということです。

ところが現実はどうでしょうか。

私たちの同志であるＴＫＣ会員ですら、書面添付つき電子申告率が十％弱という事務所があるという状態です。「顧問先が赤字だから書面添付をやっても仕方がない」というのがその理由だそうです。

確かに赤字であれば、書面添付の意味も薄れます。

しかし赤字をそのままにして、税理士に何の責任もないのでしょうか。さらには赤字になるのは顧問先の責任と言ってはばからない税理士もいます。ただ食っていければいいという税理士であれば、それでもいいかもしれませんが、それでは国家資格が泣きます。

確かにＴＫＣの創設者、恩師飯塚毅先生も、税理士の仕事は「蔵も建たない代わりに、食いっぱぐれはない」とおっしゃいました。

同時に恩師飯塚毅先生は、五十年も前から、そう言える時代はなくなると指摘しておられました。そうです。現実そういう時代ではなくなってきたというのが現在です。

第一章で詳しく述べますが、ただ食えればいいと考えている会計事務所は、もう必要なくなります。

イージーゴーイングの中で惰眠をむさぼり、熟睡状態の中で、危機感のない毎日を過ごしている時代は、もう終わったのです。

二　職業会計人は果たして指導者足り得るか?!

では我々税理士は、今の時代においてどう対処すればよいのでしょうか。

それは、実践断行の指導者足り得る税理士であるかどうかが問われる時代になったということです。

恩師飯塚毅先生の教えは、まさにそこにあったと言ってよいでしょう。先生の揺るぎないお考えは一貫しており、私たちを厳しく指導するだけでなく、税理士が指導者足り得るためのツール（手法）を開発し提供してくれました。

私はその教えを素直に学び真似て実践してきました。

概論的に紹介しますと、記帳代行業務から自計化に移行し、書面添付一〇〇％、申告是認率九九・九九％を目指し、赤字だからやっても仕方がないというのではなく、経営指導のツール（手法）を活用して顧問先の黒字化に貢献し、顧問先の黒字化率七〇～八〇％を目指してやって参りました。

この取り組みと並行して、税務調査立ち会い不要の高品質業務を目指してきました。

税務調査立ち会い不要となれば、顧問先の社長は税務調査の煩わしさがなくなり経営に専念できるばかりではなく、銀行からの信頼が厚くなり、融資にもプラスの効果が出てきます。

そうした有効なツールが、その指導体制とともにあるのに、ＴＫＣ会員でありながらそれを使わない。もっと言うなら無視する。そしてＴＫＣはお陰がない。役に立たない！と……。まさに水にいて渇を叫ぶがごとし。なんとももったいないことです。

それを打ち破るものは何か。

恩師飯塚毅先生は言われました。

曰く「職員の意見を聞いてやっている人がいる。職員はやる権利もないし、責任もない。ひとえに所長自身の実践断行の意識改革にある。顧問先を守るのは己自身だと思ったら、いま赤字だから、借金があるから、景気が悪いからというのは、まったく理由にならない」と。

顧問先は己自身であるという熱い思いが、実践断行の指導者足り得る税理士・職業会計人に成長させてくれるのです。

まさか、倒産……

とならないために会計を活かした経営指導を行う。

それが税理士の本来あるべき姿である。

それをなすため、まず会計事務所自らが経営維新を断行する。

結果として、顧問先を防衛し自らの職域を守ることができる。

三　会計事務所経営にまつわる四つの「神話」

四つの「神話」

税理士、会計事務所には四つの「神話」があり、それを信じているために自らを成長させないばかりか、国家を支えているという税理士としての本来の役割を忘れてしまっています。

どうも人間というのは安心、安全、安定、平和などが続くと、それに安住してしまい、新しいことへの挑戦に対し、自己防衛本能なのか、できない理由、やらない理由をつけて、やらないことを正当化しようとします。

次の四つの論は全て「神話」です。

1．会計事務所弱者論

会計事務所は、蔵も建たない弱者的存在。そんな弱者がいくら頑張っても、七割もある赤字会社を黒字にするのは容易な技ではない。私たちの責任ではない。だから放っておいてもいい。弱者である税理士は、中小企業の経営者を指導できる力もないし、する立場にはなれないという弱者論。これでは国家資格が泣くというもので、我々は国士なのですから弱者ではない。

2．事務所経営は人、物、金で決まる論

経営は人・物・金で決まる論。トップの責任逃れ、無責任を代弁しているに過ぎない。トップ不在では会社の方向を示すことができない。この考えでは、経営者である所長税理士はいらない。この論に毒されている税理士は、経営者に「経営はトップで決まるのだ」というその役割の重要性を指導できないはずです。

3．事務所の民主経営論

民主的にみんなの意見を聞いて経営をするのは良いことだ論。自計化推進に関連してよく聞かれる話で、職員にやる気がない、無理強いすると職員が辞めてしまうので、職員の意思を聞き、職員にやる気が出てから取り組むという「民主経営論」。これでは経営に絶対に必要なトップダウンの実践断行ができない。顧問先からも「おたくの職員がやる気ないのに、先生は私たちにやれと言うの」と言われたら反論もできない。民主経営にとらわれると無責任経営となり、まさに

経営の本質を見失ってしまっていることです。

4．利潤追求否定論

会計事務所は税務行政の補助的機関。利潤追求につながるようなパソコン販売、自計化はしない方がよいと考える利潤否定論。パソコンは仕事を高度化するための手段。自計化の最大のメリットは顧問先の完全防衛。顧問先から感謝と尊敬がいただける、プライドある仕事――ＭＡＳ業務と書面添付つき電子申告――ができるようになるのです。

利益は将来の費用で職員を守るコストである。その利益を追求せず否定するのは、愛する職員の生活と家族を守ることを放棄したに等しく、まさに神話そのものであります。

四つに共通しているのは、所長不在、トップ不在の無責任な言い訳である。それでもなお、この四つの神話を信じて会計事務所の経営を続けますか。

そして集団死滅の流れに、無策のまま飲み込まれていきますか。

本気で職員とその家族を守ろうと思うならば、自己の意識を変え、あとは実践あるのみです。

四　神話から脱皮する三大意識改革の覚悟はあるか?!

今こそ求められる四つの神話からの脱皮は三つの意識改革からと知ろう。

私は本書で職業会計人の経営維新を、本気で訴えたいと思っています。

なぜか。それは現状のままいけば、記帳代行型の会計事務所を経営する職業会計人の必要性がなくなり、その存在価値がなくなってしまうと日々実感しているからです。

それが現実になれば、顧問先に限らず自らの事務所防衛もできず、顧問先の黒字化を図り、所得の計算と税務申告と納税という国家を支える職業会計人としての役割を果たすことができなくなってしまいます。

恩師飯塚毅先生の教えは「自利利他」すなわち「利他即自利」です。利他の中に自利があり、自他無二の精神即ち自分と他人を区別しません。

そこに人間としての誇りや生き甲斐があり、やる気も出てくるのです。

四つの神話を信じて変革に挑戦もせず、改革を断行しなければ、職員から誇りや生き甲斐、やる気を奪うことにもなります。

そこで私が提案するのが、

「現状否定」

「脱皮創造」

「想念実現」

の三つの意識改革です。

これが経営維新のスタートであり入口だと思っています。

簡単に言えば、現状を打破し元気のある利益のでる事務所に、強い信念を持って生まれ変わらせようというものです。

そこでまず自問自答して下さい。

記帳代行だけで生き残れますか。無償独占もなくなるかもしれません。

黒字化するのは難しいと言って顧問先を見捨てますか。黒字化を実現する立派なツールがありながら、それを使わないで終わりますか。

独立開業した時の原点に立ち返り、どう顧問先を守り家族を守るのか、知恵を出して解決する。今こそ脱皮創造の時なのです。

危機感のないところに危機は存在しません。何事もトップの姿勢が形になって現われます。現状に甘えず、夢、ロマン、ビジョンを持って挑戦する。それが職員のやる気につながり事務所の改革、経営維新につながるのです。

第一　現状否定

自計化に踏み切れない会計事務所がいまだ多数派を占める背景には、記帳代行業務が総収入の大部分を占めている現状があります。こうした事務所では、顧問先の伝票・帳簿が事務所にあって当たり前で、それが正しいとすら一部では認識されています。

このような会計事務所の所長先生には、四つの神話を信じる心があり、それに毒されていると私は考えます。

そうした状態の中にいると「無理をして改革をしなくてもいい」ということになります。そこからは改革の意思は生まれてきません。職業会計人の経営維新の断行は、まずそうした現状認識を否定することから始めるのです。

第一歩となるのが、記帳代行からの脱却です。記帳代行の否定をタブー視してきた会計事務所は多数を占めますが、そのタブー、即ち記帳代行業務をなくすということに挑戦することによって初めて未来が見えてくるのです。

チェンジイコールチャンスなのです。即ちチェンジのＧをチャンスのＣとするため、チェンジのＧの中からタブーのＴをとること、そのことがタブーに挑戦するということなのです。

第二　脱皮創造

会計事務所の経営維新を成し遂げるためには、現状認識からの脱皮が必要です。しかし脱皮には困難がともなうので、それを嫌って多くの人は新しいことに挑戦しようとしません。でも所長が変われば職員も変わってきます。

会計事務所集団死滅の危機が迫るなか、まず所長自身が四つの神話から脱皮することです。職員に仕事を任せきりにすることなく、所長の率先垂範が不可欠なのです。

所長が率先して自己の意識改革を行うことなく、自計化に取り組むこともしないで、それで何が所長だと言いたい。先生ではなく経営者であり指導者なのです。

朝は誰よりも早く起き、事務所には七時には出勤し、整理整頓を行ったうえで、業務日誌を検閲し、コメントを記す。そして九時からは、顧問先の社長や提携企業、プロのパートナーと会うために東奔西走し、夕べには帰所する。職員の帰所を待って、報告・連絡・相談。打ち合わせ・根回しを行い、全員が退所した後に消灯して帰宅し、十一時に寝床につく。

何より肝心なのは、感謝の心で毎日を過ごすことです。いま一度事務所を開業した時の精神に立ち戻り、その時の心構えで取り組むことです。職業会計人の経営維新には、所長自身の「脱皮創造」、つまりヘビが脱皮しながら生まれ変わり、生き続けるという気概が欠かせないのです。

第三　想念実現

思いは必ず実現する!!　どんな熱い思いを持って仕事をしているか。所長の想念が事務所の方向を決めます。常に高い志を持って自らの想念を実現すべく努力している人に、人はついてきます。

「意志なきところに行動なし」という先哲の言葉があります。失敗者の二大特徴は

①楽をしようとした人

②間違いに気付いても改善しようとしない人

であることを知り、「その轍を踏まないぞ」と自ら内外に宣言し、熱い思いで業務に取り組むことです。

顧問先を元気会社にすることは私たち職業会計人の重要な使命ですが、当の会計事務所に元気がな

ければどうしようもありません。まずは、会計事務所自身が元気事務所に変身を遂げる必要があり、そのためにも、所長先生が元気印の代表選手として職員をリードしていかなければなりません。ここに、所長の意識革命を第一歩とする「会計事務所の経営維新」の大きな意義があるのです。

これからの時代は、優勝劣敗・適者生存の原理がますます鮮明になり、中小企業の経営者は時代の流れを的確に読む洞察力、グローバルな眼力、さらに熱い情熱と行動力を持って、困難な社長業務を遂行していかなければなりません。すべては経営者次第であり、経営者のありようによって、会社は赤字にも黒字にもなるのです。

こうした社長業を支援する会計事務所は、記帳代行業務から脱し、元気会社作りを徹底支援することを求められます。寄り添いザムライとして経営者のビジネスドクターになりきり、顧問先を元気会社に生まれ変わらせるかどうかが、職業会計人の腕の見せどころであり、待ったなしの三大意識改革が求められているのです。

五　職業会計人の経営維新、それは、中小企業、納税者国民をこの危機の時代から必死で守り切るとの指導者魂で取り組むことである

結論を先に言えば、ＴＫＣ創設者である恩師飯塚毅先生の、顧問先を己自身であるとの熱い思いで業務を実践することが、職業会計人の事務所経営維新ということであります。具体的には、

ＴＫＣ会員事務所の宝物として準備されているサクセスビジネスモデルの実践です。

即ち、企業防衛保険指導と継続ＭＡＳ指導（Ｋ）と、ＦＸ２導入自計化指導（Ｆ）と、書面添付電子申告申是推進指導（Ｓ）の三つです。ＫＦＳはキーファクターオブサクセスとも言われ、実際にＫＦＳを実践するとその意味である「成功の鍵」を実感します。

これがどういうもので、どういう効果があるのかは、本文で詳しく述べます。私たちの事務所では、ＫＦＳに加えてハッピーエンディングノートを顧問先に勧めています。これは喜ばれます。しかも会計事務所にとっても有効なエンドレス業務になります。ということで私たちは、日々の仕事の中で業務の品質向上を目指す勤労学徒として取り組み、さらに、年一回の秋季大学で研鑽を重ね、顧問先に寄り添って会計で経営を強くするとの熱い思いと退路遮断の断固処置で顧問先を守り切るとの信念で、事務所の経営維新改革に取り組んでいるところです。

平成二十四年十月、沖縄で開催した第27回秋季大学での発表は、内容も充実し職業会計人の経営維新そのものであり大いに役立つと確信しています。

第五章に紹介してありますので、ぜひ職業会計人の経営維新断行の指針として活用してください。

第一章

今、記帳代行型会計事務所の集団死滅の危機迫る!!

一　クラウド会計ソフト出現で記帳代行型会計事務所の存在感がなくなる

クラウド会計（簡単ネット会計）とは、勘定科目を設定しておけば電卓で自動仕訳できる会計システムです。給与計算や販売管理にも対応し、電卓を叩くだけで請求書が発行できます。売掛管理、買掛管理にも対応し、コストは月額数千円程度で済むため、小規模事業者でも簡単に自計化ができてしまいます。これを使い始めた人は「もう、会計事務所はいらない」ということになります。

こうした新しい波に対応できない記帳代行型会計事務所は、帳面屋、決算屋、申告屋と呼ばれる会計事務所であり、間違いなく顧問先を奪われ、集団死滅の時を迎えているのです。

昭和四十四年、ＴＫＣの創設者である恩師飯塚毅先生は「電話機並みにコンピュータが使用され、どこからでも会計システムが活用できる時代がくる」「水道の蛇口をひねれば熱いお湯や冷たい水が出るがごとく、コンピュータを活用できる時代が必ず来ますよ」

と予言していました。

アイフォンやアイパッドなどの出現で確かにそういう時代が実現しています。

クラウド会計の出現により、記帳代行型会計事務所の域にとどまる会計事務所は、顧問先が作成した決算書、申告書をチェックして税務署に提出するだけの「代書屋、申告屋」に成り下がり、しかも報酬はどんどん低下し、価格競争に飲み込まれるでしょう。

一度物売り的な立場に陥ると、「安かろう　悪かろう」になってしまいます。

顧問先からすると、安い顧問料を喜ぶのではなく、手抜きをした分への不満が募ることにもなります。特に若い経営者には、その傾向が強いようです。

そうなれば、ある日突然、巡回監査で訪問した際に、顧問先から三くだり半を突き付けられることにもなりかねません。

こうした現状を直視せず、何も対応しないでいると、本当に自らの首を絞めることになってしまいます。

顧問先である中小企業を防衛し、黒字化支援で税金を納め、国を支えるという崇高な使命と役割を私たち税理士業界は担っています。その役目も果たさず、みじめな資格者集団になり下がることを、とても私は黙って見ているわけにはいきません。

記帳代行中心という旧来型の会計事務所は、もう必要とされない時代に入ってきたのです。

四十五年前、恩師飯塚毅先生が声を大にして叫んだ「職業会計人の集団死滅の時来たる!!」なのです。

二　税理士法上の頼みの綱「無償独占」の法改正の危機迫る

クラウド会計は、税理士の「無償独占」にも影響し、「無償独占」は消滅の危機に立たされています。

本来税理士には、事業所得の計算と適正、適法な税務申告を行うという使命があります。即ち顧問先の企業を黒字化し適正な税務申告を通して国を支えるという重要な役割があります。その証となる書面添付も電子申告もせず、ただ申告をするだけなら、わざわざ税理士に依頼する必要があるのかということになります。

この動きは、間違いなく無償独占を外すという動きになっていきます。

事実、新会計基準で、誰にでも無償ならば税務申告を認める、という機運が盛り上がっています。

ご存知のように、「税務代理」「税務書類の作成」「税務相談」の三つの業務については税理士の独占業務として掲げられています（税理士法第二条、二条の二）。

さらに、これらの業務を税理士または税理士法人以外の者が行うと、それが無償であっても罰せられることとされています（税理士法第五二条、五九条）。

第四五条第一項では、故意に真正の事実に反して、税務代理や税務書類の作成を行い、または不正な還付を受ける結果を生じせしめることがないよう、税理士の責任を明示しています。これらの義務履行の前提として、税理士は無償独占ということに恵まれた立場に置かれてきたわけです。

もし無償独占の見直しが進み、資格に限定されず独占業務が行われるようになると、税理士の存在基盤が根底から揺らぐことになります。

まさに、会計事務所にとっては危機的な状況なのです。

本来業務すなわち顧問先企業を黒字化し適正な税務申告をするという税理士の役割を果たせない会計事務所は、無償独占がなくなると間違いなく安売り競争に巻き込まれます。

安売りで身を削ることになれば、これこそが自滅の道であり、会計事務所業界が沈没することを早めるだけです。

体力がなくなれば、職員に対する待遇は悪化の一途をたどることになります。経営者として、所長として――これを黙ってみたまま――座して死を待つのでしょうか?!

職員のためにも、従来型の会計事務所から脱皮する時が今年（平成二十五年）「巳年」の年なのです。

所長の決断、いかに！　時代がそれを問うているのです。

過去も大事、現在も大事、未来はもっと大事

「過去・現在・未来」という言葉があるように、私たちはそのすべてをしっかり把握しておかなければなりません。過去を変えることはできませんが、過去のステップをしっかり踏んでいないと、税務調査で足元をすくわれます。「税金はきたら払えばいいんだ」と公言する税理士がおりますが、それは己の職業自体の否定であり、顧問先に対する背信行為でもあります。

現在は、「現場、現実、現物」の三現主義をどうやっていくかという視点、キャッシュフロー会計で顧問先の経営を支援していく安全運転の考え方が不可欠です。

お金の流れを常に把握し、五年後、十年後の未来経営につなげていくことです。

戦略会計の延長である計画経営、予算統制、予算管理を徹底し、間違いのない方向性を設定し、そこに向かって全力投球していく。このような未来経営に役立つ戦略会計システム導入で大切な顧問先の未来をしっかり支えていくことが最も大事であり、取り組むなら今しかないのです。

三　平成二十五年三月の金融円滑化法廃止に伴う中小企業経営力強化支援法で積極的な取り組みをしない会計事務所から顧問先離れが始まる!!

中小企業金融円滑化法が、平成二十五年三月末で失効します。それに伴い、金融機関の貸し渋り、貸しはがしが始まり、資金繰りに窮する顧問先が続出することは目に見えています。

平成二十一年十二月に施行された中小企業金融円滑化法は、別名金融モラトリアム法と言われ、資金繰りが困難な中小企業が金融機関に返済負担の軽減を申し入れた場合に、できる限り貸し付け条件の変更等を行うよう、金融機関は義務付けられました。

もともとは平成二十三年三月末までの時限立法でしたが、同二十四年三月末に延長され、さらに同二十五年三月までを最終期限として再延長された経緯があります。

金融庁の調査によれば、全金融機関の申し込み件数は平成二十四年九月末時点で三六九万件強、実際の条件変更は三四三万件強、条件見直しされた融資債権額は九十五兆円強に上ります。これらの融資が引き上げられた場合、資金繰り倒産の嵐が吹き荒れることになりかねないのです。

単に税金の申告をして、安い人件費で記帳代行を行い、顧問先には情報も伝えず、年一決算でよしとする。こうした対応は、もはや通用しません。

時代は単月黒字で、顧問先の黒字化を推進することを求められる時代になっているのです。

経営力の強化を支援できなければ、会計事務所は中小企業の経営者と運命共同体ではなくなります。金融機関からも完全に差別化されることになり見捨てられます。

こうした事態に備えるだけの危機管理がきっちり行われているのでしょうか。自らに問う時です。

経済産業省が、なぜこの時期に経営力強化支援法を策定したかというと、あくまでも先んずれば人を制すとの中小企業政策なのです。

経済産業省、中小企業庁は長らく「中小企業保護政策論」的な立場でしたが、このままでは自らの責任を問われかねません。経済産業省、中小企業庁は平成二十四年六月に法案を通して、八月から支援法を施行したことで、中小企業を支援してきたとアピールできるわけです。

「中小企業の全面的バックアップを指導することを税理士の皆さんにお願いしたじゃありませんか。税理士の先生方はやっていただけましたか？　やらないでいたのなら、それは税理士自身の不作為の罪でしょう」ということになってしまうわけです。

会計事務所にとって経営力強化支援法の重要ポイントは、中小企業金融円滑化法で返済を延ばしてもらっている中小企業の経営者に、きちんと経営指導ができるかどうかということなのです。

金融円滑化法の廃止にともなう中小企業の大量倒産の事態に備えて、経営力強化支援法を策定したのに税理士は何もしなかったとなれば、その責任が追及される事態にもなりかねません。

本来業務を果たせない税理士は、経営力強化支援法の力にもなれず、三万円が三千円へという一〇分の一への価格破壊によってつぶれていきます。

そうなったとしても、それは会計事務所自らが墓穴を掘ったと言われるだけなのです。

結果、経営指導ができる会計事務所に顧問先が大量に移動することになってしまいます。

過去会計から未来会計へ

会計を経営に活かしてこそ、計画経営が可能になります。

経営計画の立案・指導は、職業会計人の指導者としての仕事であり、ビジネスドクターとしての基本業務です。経営計画の立案・指導ができてはじめてビジネスドクターであり、医師でいうところの健康管理・健康増進指導を行うことができるのです。

四　消費増税の5%から8%、8%から10%への処理は、自計化が前提　記帳代行型会計事務所に危機感を抱く職員の大量退職が始まる!!

民主党政権は平成二十一年総選挙で掲げたマニフェストを反故にし、消費増税を決定しました。デフレ経済下での増税については、可処分所得の減少に直結し、間違いなく消費が落ち込み、結果として税収も減ってしまうと言われています。

そうした政策論はさておき、消費増税が記帳代行型事務所に深刻な打撃を与えることは必至です。会計事務所はただでさえ消費税申告のウェートが高いため、消費増税で業務面での負担が大きくなります。

消費税申告は適正な決算が大前提となるため、さらにインボイス方式でなく帳簿方式ですので自計化が前提。自計化されていない業務は、職員の手書きでの労働負担が増すことになります。現実問題として、顧問先の自計化がなされていないと会計事務所にとって相当の時間とコストが負担増になります。それに嫌気がさした職員が退職するという事態すら考えられます。

顧問先の自計化は、消費増税に対応するためにも必須の課題なのです。

しかしこの点を理解しない会計事務所がいかに多いことか。

顧問先の自計化に取り組まない会計事務所は、本来の税理士業務は果たせません。必然的にクラウド会計の波に飲み込まれてしまうことになります。

小規模零細企業向けの自計化マシーンe21まいスター!!

消費増税処理は自計化が大前提です。ＴＫＣは無料で三年間利用できる「e21まいスター」という、年商一億円以下の小規模零細企業向けの自計化マシーンを作りました。三年間は無料で利用できるのでその間に自計化しなさいということです。

ここで大事なのは、所長先生の経営者としての覚悟があるかどうかです。

ＴＫＣのシステムは確かに無料で使うことができますが、そのための人件費と時間はただではなく、一割から二割アップします。そのコストは会計事務所の代表である所長が手当てすることになります。

ただでさえ、安売りの会計事務所が横行してきたため、顧問料の値下げ圧力が強く。五千円、一万円という価格設定をした大手会計事務所が業界をダメにする引き金を引いてしまいました。そうなると、顧問先から顧問料を下げてくれと言われる一方で、一割から二割の労務コストがかかります。準備に一日、立ち上げに一日、軌道に乗せるために一日、合わせて三日かかるため、一社当たり五％から一〇％のコストアップになりますが、その分を吸収できる収益力があるかどうかです。私たちは企業防衛、保険指導で稼ぎながらコストを吸収できましたが、コスト面で所長がためらうと自計化が進まず、自計化が進まないと皮肉にも消費増税で職員が離れていくことになり、大切な職員が大量離脱しかねません。

自計化の先行投資をしながらコストを吸収し、「自分の責任だ。顧問先を守るためだ」という姿勢の会計事務所は生き残ります。我々がＦＸ２を導入した時のことを考えると、今こそ間違いなくそういう時期が来たと確信します。

二段階引き上げという複雑な消費増税はインボイスなら可能ですが、帳簿方式では非常に手間暇がかかります。その上複数税率をも検討しています。自計化しなければ間違いなく間違いを犯しますが、その間違いを知っているのは会計事務所の職員で、「これで責任を取らされて、くびになったり、賠償責任など負わされるんじゃたまったもんじゃない。いまのうちに事務所を辞めた方がいい」ということになるのです。こうした会計事務所離れ、大量退職が続発し、自計化している会計事務所しか生き残れません。

個人事業者や年一決算は時間をかけて解決するしかありませんが、法人については消費増税までには記帳代行をなくしてしまう。このくらいの目標を立てないと職員が離れてしまい、記帳代行型会計事務所がその存亡の危機にさらされることは間違いありません。

五　デフレ不況本番、赤字会社の大倒産ラッシュ 顧問先の債権者から不作為の罪を問われる時代が来た?!

私たちの職域である中小企業の赤字申告企業比率は七五%超という水準に達しており、いつ倒産の憂き目に遭ってもおかしくない状況にあります。

こうした切羽詰まった経営環境の中で、顧問先の経営者は「誰を頼りに、何を信じて経営したらよいのか」と不安を抱き、焦りと孤独感にさいなまれています。

このような経営者をサポートし、安心と夢、そしてヤル気と元気、さらに希望あふれる未来経営の支援サービスが提供できる、真に頼りにされる存在でなければなりません。にもかかわらず、その役割を果たしている職業会計人は、ごく少ないのが現実です。

従来型の会計事務所は、顧問先企業の経営が大変であっても「それは私たちの責任ではない。私たちはあくまで相手が出してきた数字でやっている」という、まるで他人事。それ以上のものでも、それ以下のものでもないというのが実態です。

私は中央大学夜間の学生時代に勤務した事務所の所長からは「顧問先に経営のけの字もしゃべるな。私たちは経営に口出しできない業種なんだ」と言われました。その所長は会計で経営を強くするという発想は全く持ちあわせがなかったわけです。

当時、私が顧問先の社長と会う時の話題はほとんどが経営の話で、私の仕事は会計情報を経営というテーマに落とし込んでいくものだと考えていました。

自己資本比率や売上高利益率、労働生産性などの数値が低い場合は、必然的に、資金や人、マーケットのどこかに問題があるのではないですか、という話になります。

こういう話をすると、社長は「そうか、そういう問題があるのか」と身を乗り出してきます。こうした体験から、顧問先は経営についてもっと学びたいという思いがあることを知りました。経営の話ができなければ、単に資料を預かりに行くだけの資料回収業に過ぎません。

あれから五十年、必要とされる会計事務所の業務が一八〇度変わっています。しかしその実態に気がついていない会計事務所が、いまだに七割、八割は存在します。

職業会計人は資格に安住するのではなく、敬愛する大武健一郎前ＴＫＣ全国会会長が叫んでいるようにビジネスドクターとしての自己を確立する必要があります。

経営者に対して本当の意味のドクターとしてのアドバイスを行うためには、問診・健康診断から始まって、長寿を実現するための処方箋、健康管理からその指導まで一貫して取り組むことを求められます。会社の健康管理もできないような会計事務所では、これからの時代は役に立たず、それこそ《死亡診断書》だけをせっせと作るはめになってしまいます。これは、職業会計人の責務を放棄した、不作為の罪にほかなりません。

経営者と同様に職業会計人においても、先見力、創造力、実行力があるかどうかが問われます。五年先、十年先に向けてみんなを引っ張っていく。つまり、方向性を示し且つ先を見て導いていくことこそ経営者が備えるべきリーダーシップです。職業会計人にとっても、指導者としてその資質が非常に大切です。

業界内の動きはもちろん、世界経済、日本経済、地域経済などに十分に目を配り、「その中で、我が事務所はどうあるべきか」という大局観に立つ必要があります。

木を見て森を見て山を見るように、「全体」を見る習慣を持つことが必要です。

そうした大局観に立って顧問先を守り、リスクマネジメントをきっちり行い、未来経営、未来会計によって中長期の経営計画で事業経営の指導ができる職業会計人でなければなりません。

夢やロマン、ビジョン、希望を顧問先の社長に寄り添って指導できる会計事務所が、いま求められているのです。

まず税理士が、顧問先の社長と同じレベルまで意識を高め、自らの事務所の経営計画書を策定できるだけの力を身につける。そしてそれを顧問先に対して指導実践することこそ、職業会計人としての我々税理士が行う「経営維新」であり、今日的生きざまである国家の担い手としての使命そのものであるのです。

第二章

ＴＫＣ創設者 恩師 飯塚毅先生の教え

――職業会計人が指導者足り得る五大教訓

何が正しいかではない、誰が正しいかだ!!

人生の選択で「何が正しいか」を基準に判断することが一般的だと思います。特に職業会計人は職業柄もあって、その発想にとらわれがちです。

「この勘定科目は正しいか」

「税法のこの理論は正しいのか」

「経営上財務を優先すべきか、販売を優先すべきか」

私には三人の師がおります。一人目に人生の師・合気道の達人である佐々木将人先生、二人目に学問の師・中央大学名誉教授・税務会計学の第一人者・富岡幸雄先生、三人目に職業の師・飯塚毅先生です。

師を持つことで私は、「何が正しいか」ではなく、「誰が正しいか」ということが選択の本質だと思っています。

師を選び、その教えをもとに先見性と創造性を身に付けていく姿勢こそ、職業会計人が身に付けるべきではないかと私は考えております。

これをＴＫＣ会員に置き換えると、私たちは恩師飯塚毅先生から学び、実践する。これが正しい生き方だと思います。それに気づくことが、職業会計人にとって確信となる「経営維新」の始まりであり、指導者足り得る第一歩なのです。

そこで出発点になるのがＴＫＣ全国会の会員になることですが、ここで重要なことは単に組織に属して満足するのではなく、何よりも大切なことはＴＫＣ創設者恩師飯塚毅先生の教えであるＴＫＣの根本哲理を理解し納得し実践することです。

恩師飯塚毅先生の教えを実践することが職業会計人の使命を果たすことなり

序章でもいくつか恩師飯塚毅先生の言葉を引用しましたが、なぜ私が本書のタイトルに「恩師飯塚毅先生に学ぶ」としたのか。それは恩師飯塚毅先生の教えを実践することが、職業会計人として国家と中小企業を支える我々会計事務所の誇りある使命、社会的役割であると本気で思っているからです。

十年前、私は会計事務所も相当困難な時代を迎えることになるとの危機感から、それを訴える本を出しましたが、平成二十五年の今、環境がさらに悪化し会計事務所の集団死滅という危機的状況が迫ってきています。

恩師飯塚毅先生の教えは、人間の心の内部にまで入り込み、公人（おおやけびと）として、そして個人として、その両面を持つ人間がどう生きるかを現実的に教えています。

ぜひ飯塚先生の教えを学んで頂き、日々の仕事で生かして頂きたい。

その願いを込めて、恩師飯塚毅先生の特徴とすべき業務遂行の姿勢、思想、人間観などを紹介します。それに合わせて私の事務所で実践していることなども紹介します。恩師飯塚毅先生が訴えかけた対象はＴＫＣ会計人となっていますが、私はすべての職業会計人が心すべきことと考えています。

師の教えを実践するとは真似ることとなり

なお、恩師飯塚毅先生の教えを実践するにあたり、私は一つの学びがありました。

人間は人の話を聞いて、すぐに実践するかというと、頭で理解してもなかなか実行に移せないものです。

そこで、どうすれば実践できるかを考えました。その結果私は、身振り手振りから、口の聞き方、考え方までの全部を、飯塚先生になりきって肉体化してしまおうという思いに至ったのです。

できるとか、できないとかの問題ではなく、徹底して真似ました。

このことは、私自身が大学院で法人税、消費税を教える立場に立って、改めて「教えることは学ぶことである。そして、いかに知らざるかを知ることである」という教育的指導ができるきっかけとなりました。

第一の教訓　先見性と洞察力で環境の変化を先取りせよ

恩師飯塚毅先生は「洞察力は経営者に欠くことのできない要素である」と指摘されました。曰く

・洞察能力を欠く経営者は少なくない。企業の大小を問わず、無数に近くいる。洞察力の身の付け方の探求をやっていない。「まさか…」という言葉を吐く経営者は、技術革新が猛スピードで進む時代では、瞬時に倒産に追い込まれる。会計事務所も例外ではない。

・企業の生き残り作戦の援助が、会計事務所の重点業務になる。ここに的を当てた助言・指導が必要になってくる。

・洞察力は企業経営者のみに必要な徳目ではない。トップになる人間の四つの条件の一つである。

・四つの条件。①洞察力が豊かである②自己中心の発想から抜け出ている③人々に方向を与える力を持つ④「イエス、ノー」をはっきり言える（イリノイ大学ジョーンズ教授）

・健康保持力、統率力、教育能力、経営の現実的な理想像の形成力、理想達成手段の把握、困難の克服能力、生きがいを与える能力等々は、経営者が求められる徳目である。

・会計人に大事なのは「正直さ」と「直観力、洞察力」（モンゴメリー先生）

・「この企業の長所はここで短所はここだ。ここさえ直せばこの企業は間違いなく発展する」

ということがスパッとわからなければだめだ。

・「学問のあるなしは問題ではない。一番大事なのは知恵である」

・洞察力を欠いている場合、会計人の成功は限られたものとなる。

・しかし、モンゴメリー先生もジョーンズ教授も洞察力の涵養方法については書いていない。洞察力を身に付けるのは簡単だが、容易ではない。一つ山（命がけになるという）を越えなければならない。越えれば、自分がものすごく能力・才能を持っていたことがわかる。それらのことに気が付くかどうかが重要。「ガンジス川のほとりの砂の数ほどの才能が我が五体の中にあった」（釈尊）

・「人の仁徳のうち、執着からの自由を得ることが最大の徳である」（釈尊）。この徳が、洞察力を身に付けるためのカギ。

・真実をつかむためには次の三つの条件が必要だと、釈尊は繰り返し繰り返し言っている。シラーダ「信ずる」、ダルサーナ「洞察する」、ブハーバナ「心を常に耕す」。

・魂を打ち込む。原価は一円もかからず、参禅の必要もない。

・沢庵は、徳川家光が用意した立派なお寺に義理立てして一年ほど居たが、再び飄々として出て行った。とらわれなかった。

・「会社がつぶれませんように」と祈っている人などを見ると、なんだろうと思ってしまう。すべての場合に相手に心を執着させないことがポイント。美人を見ても、ウナギのにおいを嗅いでも次の瞬間に忘れる。

・「純粋洞察力こそは、学問の最高なるものである」（ヘーゲル）

・「一山越えるには、あなた自身が努力を払わなければならない」（釈尊）

・体と命を惜しむようではだめ。決心と思考力に弱い者、怠惰な者は洞察力という知恵への道が発見できない。心をとらわれず、二念を継がない。臨済は悟りを許された後二十年間修業した。

「悟りに励む道は超能力の一つである、洞察力の獲得につながる」（プリンストン大学テキスト）

「刻苦光明必盛大」を信じる。

・西洋思想は「あなたはあなた。私は私」と割り切る。仏教では「自他不二」「あなたは私であり、同時に私はあなたである」

結論　『洞察力は経営者にとって不可欠の徳目であるが、
その入手の道は近くて遠い』

第二の教訓　ＴＫＣ会計人とはいかなる会計事務所をいうのか

恩師飯塚毅先生の教えは、ときに厳しく聞こえます。しかしその言葉は本質をついており、自分のものにすれば、これほど大きな力になるものはありません。

言葉の表面のみをとらえたり、浅い考えで判断するのではなく、本質を知ることです。理解できない場合や、疑問な点がある場合は、成功体験を持つＴＫＣ会員に聞くことです。

ＴＫＣ全国会はテレビコマーシャルを流しています。私たち職業会計人が恩師飯塚毅先生の言われるＴＫＣ会計人になっていなければ、全国民にウソをつくことになります。

信なくば立たず。信を失うほど人間にとって惨めなものはありません。

脚下照顧、恩師飯塚毅先生の言葉を改めて自分自身に問うてみましょう。

恩師飯塚毅先生の言葉

単に形式的にＴＫＣに加入している税理士・公認会計士は、ＴＫＣ会計人とは言わない。

何よりもＴＫＣの根本哲理である、

①「自利利他」「自利とは利他を言う」の理念を理解し、

②その理念の実践に励み、厳正な租税正義の具体的貫徹のため、特に職業専門家としての

③独立性を重んじ、会計における真正な事実（税理士法第45条）に準拠して業務を実施する。

そのために、
月々の巡回監査を厳正に実施し、関与先の親身の相談相手として、世界で認められた職業会計人の正当業務を正々堂々と実施している者をＴＫＣ会計人という。

ＴＫＣは同志的結合、血縁集団

恩師飯塚毅先生の言葉を読んで心痛む人は、飯塚先生の教えを実践断行しましょう。それが職域防衛になります。なぜなら顧問先の移動が激流となる時代が、いま到来しているからです。

ＴＫＣ全国会では、会員はＴＫＣのお客様ではなく同志という位置づけです。

それは「飯塚さんの子分みたいなものじゃないか」と人から言われたりしますが、会員の中にもまだまだお客様意識を持っている人がかなりいるようです。

「お客なんだからもっといい情報を持ってこい」

「ＴＫＣに入会したはいいけど、全然発展しない」

「パートナー会計だけなぜあんなに発展しているんだ？」

などとＴＫＣに文句を言ってくるのです。

こうした人は、おそらく、ＴＫＣのシステムを有効に活用しない自分自身に問題があることに気が付いていないのでしょう。

ＴＫＣに入会したら自動的に事務所が発展すると思い込んでいるのです。

そんな姿勢では、何も勝ち取ることはできません。このような人たちは、ＴＫＣに何を望むかではなく、「ＴＫＣ会計人として何をなすべきか」を真剣に考えるべきなのです。

ＴＫＣは同志的結合、血縁集団です。同志とは志を同じくし、サムライとして武士道を実践する集団です。

当事者でありながら、顧問先から離れた立場に立って物事をアドバイスする姿勢で、社長から本当に信頼される独立公正の立場の顧問として客観的・第三者的助言を行う立場にもあります。

同志的結合、血縁的集団という飯塚先生の哲学は、素晴らしい発想だと思います。

スクラムを組んで運命を切り開くために、「一人がみんなのために」「みんなが一人のために」という精神で、運命打開という理想に向かっていく集団なのです。

私は入会以来この考えを持ち続け、申告是認率九九・五％を達成し、その正しさがはっきりわかってきました。さらに今は申告是認率九九・九九％を目指しています。

職業会計人の独立性の意義を理解できない者は早めに転廃業すべし

恩師飯塚毅先生は「低次元の段階で悩む者があまりに多すぎる」と、ＴＫＣ会員に対する講演で指摘しました。

曰く、

「いい職員諸君が集まらず、また居ついてくれない」

「職員の教育が思うようにいかない」

「良質の関与先が期待に反して増えてくれない」

「関与先が調申体制になかなか応じてくれない」（こういうことを平気で言う人がいるのは驚かされる。税理士法もろくに読んでいない）

「税理士法第三三条二の書面添付には懲戒規定が付いているので、恐ろしいから出せない」

「ＴＫＣ全国会制定の調申の添付書類が難しくてわからない」（本当にわからないなら税理士になれない。税理士になる人ならその程度の能力は持っているはず）

「関与先の記帳能力が弱いので対策に困る」

「巡回監査が思うようにいかないので、本音のところでは申告書に絶対の自信がない」

「いまは職員の低賃金に依存して食っていられるけれども、年々の昇給の重圧で前途に希望が持てない」

「関与先がミニコンの普及で自社経理に走る傾向が出てきて、会計人の生活の前途に希望が持てない」

「財務五表以上の使用というのは、関与先の能力の実情から見て実情に合わない。また、計算料が大きくなって困難で困る」

　このように、次から次に悩みを数え上げ、「だから俺はうまくいかないんだ」と言い訳する人が決して少なくないというわけです。

恩師飯塚毅先生の言葉

・不作為、不実行の言い訳の材料は無数にある。職業会計人の独立性の意義を理解・実行し、時代の趨勢を読めない者は、どうせ食えなくなる人間なのだから、早めに転廃業すべきである。

顧問先を己自身だと思い叱れるか

恩師飯塚毅先生の言葉

・中小企業も会計事務所も洞察力を欠いて倒産する事例が多発していく。企業の生き残り作戦の援助が、会計事務所の重点業務になる。ここに的を当てた助言・指導が必要になってくる。経営者を叱れないような税理士、会計士は離れた方がいい。相当の確信があるからこそ叱ることができる。

ＴＫＣ会計人は、自らの仕事に真摯に取り組んでいる職業会計人の集団です。存亡の危機にある顧問先が生き残るための戦略経営支援に必死で取り組み、恩師飯塚毅先生が教える顧問先を己自身だとの熱き思いで取り組んだその生きざまを、ぜひとも学んでいただきたいのです。

職域防衛と運命打開のため、職業会計人はノンポリであることは許されません。ノンポリ、すなわち、環境や政治経済の未来展望、国際的情勢の変化などに対して無関心な人のことです。

帳面屋、決算屋、申告屋のままでいいのだという人が、半分以上はいるのではないかと思います。

こうした職業会計人は誰かの成功を待って、追随していけばいいという発想に陥ります。熟睡状態で惰眠をむさぼるこうした職業会計人に対して、恩師飯塚毅先生はもっと自らの仕事の重要性を自覚認識することが必要であると警鐘を乱打されました。

先輩会員や実践会員、フロントランナー会員から、職業的役割と職業会計人としての使命感、そして、そのサクセスビジネスモデルくらいは、学んで真似て実践していただきたい。

そのためには、社員教育や顧問先指導、自己研鑽を怠らない努力を誰よりもしなければなりません。

そして、何よりも大事なのは「顧問先を己自身だと思う」という考えに立ち、顧問先と自分自身を区別しないことです。この考えは非常に重要です。

ＴＫＣの究極の教えである「自利利他」すなわち「利他即自利」は「自他無二」という自分も他人も区別しないことに立脚しているからです。果たして、そういう立場に立つ職業会計人になっているか。もしくはこれからなれるのか。もしなれないのであれば、顧問先を叱る態度をとることはできません。

恩師飯塚毅先生は顧問先を叱る態度がとれる会計人になるよう指導しています。とくにＴＫＣ会員にとっては、絶対条件と言ってよいでしょう。

第三の教訓　巡回監査の完全実施の意味と重要性、そして覚悟とは

巡回監査ができるかどうかが、経営維新ができるかどうかの別れ道になります。

極端に言えば、巡回監査をしない会計事務所は、経営維新を断行するのは不可能です。巡回監査のもっとも重要な眼目は「経営者と直接会って話ができる」ということです。

これがすべての始まりです。

経営者に、時間をとって欲しいとアポイントをとるのは結構難儀なものです。しかもただ会って欲しいと言っても聞いてもらえません。

ところが巡回監査は、経営者に会えるのです。

当然、会計事務所に仕事をお願いする以上、顧問先には何かメリットがなければなりません。顧問先に喜んでもらえるツールが、ＴＫＣでは充分用意されています。

巡回監査は顧問先にとっても会計事務所にとっても、最高にして最大のチャンスなのです。それを生かさない手はありません。

巡回監査に関し、今一度、飯塚先生の考えをじっくり噛みしめてみましょう。

恩師飯塚毅先生の言葉

・毎月必ず一回以上、関与先に往査して、巡回監査を実施することをもって足れりとしない。

・会計記録が取引を完全網羅的に、真実を記録しているか、適時に記録しているか、整然明瞭に記録しているか否かについて、厳正に検査を行うことを基本とし、単に会計記録と証票との照合のみを行うものではない。

・右の諸点においてＴＫＣ会計人は、親切に指導と教育を行い、時には声を大にして関与先の関係者を叱りつけることをできる者でなければならない。

・さらには、巡回監査に当たって関与先が厳正な指導、教育に従わないことを見抜いたときは、己の損得を計算せず、断固として関与先を切って捨てるだけの見識と権威を持たなければならない（サムライなのだから、「武士は食わねど高楊枝」というくらいの勇気が必要。西ドイツ税理士会は関与先への解約義務を税理士の義務として規定していることを重く見るべし）

・ＴＫＣ会計人は巡回監査に当たって、自己が供給した各種電算機会計の帳表の内容について、解説を行うのみではなく、関与先の経営方針の健全性、合理性について指導・助言する能力を発揮しなければならない。

・凡庸の人が常に思考省略の安易さを求めて生活する傾向がある事実に鑑み、電算機会計上の帳表を、職員がその意味について関与先に充分納得させ、理解させながら供給しているか否かについて、随時点検し、研究させ、指導する、という態度を失ってはならない。絶対に、古新聞の配達と同一視させてはならない（中には古新聞を届けに行くだけの関係で、帳表の中身を関与先に理解させることを怠っている職員の方もいる。職員が怠っていることに気が付かない所長先生に至ってはひどい話になってしまうが、そういう人がないようにしてもらわないといけない）

恩師飯塚毅先生は「月々の巡回監査を的確に実施しない事務所は、急速に没落していく」と予言されました。こうした事務所は、職員の間に巡回監査の必要性に関する納得がないわけであり、所長先生に他を動かす勇気と確信が欠けている証拠と言っても過言ではありません。

万難を排して、月々の巡回監査を断行するかどうかが、会計事務所の将来を大きく左右します。

いまほど、会計事務所という真に価値のある助言者が求められている時代はないのです。

第四の教訓　若い世代を含み、いかに人を育てるか

恩師飯塚毅先生の言葉

・教育する相手の力量を見抜いておく必要があるが、時には相手を絶体絶命の立場に立たせることが、禅家の教育方法として一般化していることを知るべきである。

社員がやめない事務所を作る秘訣

私は職員に向上心を持つことを求めています。向上心とは向かう心の強さであり、昨日よりも今日、今日よりも明日良くなろうとする心です。さらに言うと現状否定の心です。「いまのままでは嫌だ。もっと良くなろう」とする心の姿勢なのです。

渋谷にある日本生産性本部の会長室に「生産性とは昨日よりも今日、今日よりも明日よくなろうとする心の姿勢である」と書いてあるのを見てびっくりしました。

私たち職業会計人は、売上高から変動費を引いて固定費を控除する前の金額が生産性だといいます。このような計算的なロジックで話をしがちですが、日本生産性本部という生産性の指針を与える国家的機関の会長室に先ほどの言葉が書いてあったからです。

会計事務所が成長していくうえで、社員の能力向上は絶対に怠れません。そこで、私たちの事務所では、社員にＴＫＣの研修会や勉強会にはどんどん参加させ、「我々は勤労学徒というスローガンを掲げている、働くだけでなく勉強しないとだめだ」と、常日頃から励ましています。

勤労学徒とは、言うなれば二宮尊徳のような人物ですが、給料をもらって勉強することができ、顧問先の社長から感謝される。こんなに素晴らしい仕事はないと思います。

もちろん、真剣に取り組まない人はそんな気持ちを持つことはできないでしょう。現状から言えば、こうした人は食いっぱぐれることはないにしても大成することはありません。

人を育てる者は心がけとして「担雪埋井《たんせつまいせい》」――井戸を雪で埋めるように、無駄と知りながら働きかける――の姿勢で職員教育に臨む必要があります。これが人を育てる者のあるべき姿だと思うのです。人を育てるのは大変なことですが、「与えて倦《う》まず」の心境で取り組むことです。

私たちの事務所では五十六頁で述べる年四回の儀式で、社員たちに生の喜びを与えています。生きているという喜びと組織に所属しているというプライド、競争相手がこんなにいるんだというやる気、勇気、元気を植えつけています。

これが、社員がやめない事務所を作る秘訣だと考えています。毎年、年に四回の儀式を続けているのは、このような目的があるからなのです。

年四回の儀式を通して、「あの男には負けてられない」「負けてたまるか」という負けじ魂を植えつけ、社員同士に仲のいい競争をさせるようにしています。

人は「パンのみに生きる」のではなく、本当に必要なのは精神的なバックボーンとなる将来に対する夢と希望なのです。

人間の表面意識に向かって、いかに説得、説教を繰り返しても、
人間の行動選択の質的転換を遂げさせることはできない。
教育の難しさがここにある。

飯塚毅

恩師飯塚毅先生の言葉

・人を育てる側に立つ者は、少なくとも相手の五倍以上の修練を積んでいないと、相手は納得してついてこない、と言われる。
・あることの反復を何年も繰り返す、ということは教育上相当の効果がある、と知って実践しよう。
・人を育てる側に立つ者は、寛恕の心を忘れてはならない。そうでないと、誤解による離反を招く可能性がある。
・自分が直接業務に当たる場合と、職員に命じて業務を実施させる場合とを問わず、業務実施の場は、問題発見能力と問題解決能力を練磨する場として位置付けなければならない。
・会計人の業績は自己の直観能力の水準に決定的に影響される。業務実施の時間中、時間外を問わず、自己の直観力の練磨に常時集中する、との態度をとらなければならない。

立派な勤労学徒たれ！

歳を重ねるとだんだんとわかってきますが、自分にやる仕事があることは生き甲斐であり喜びです。ですから私は、仕事はやらされているのではなく、やらせていただいていると考えるのが正しいと思っています。

ということで私は「勉強をしている間は生涯現役で構わない。しかし、勉強が嫌になったら引退すべきである」と職員に伝えています。

そこで我が事務所では「立派な勤労学徒たれ！」を永久スローガンとして掲げ、それにふさわしい努力を職員たちに求めています。求めるだけでは効果が上がりませんので、我が事務所では、職員のモチベーションを高めるための具体的な機会として、次の年四回の行事を実施しています。

一　月　新春方針発表会（個人の年間方針も発表）
四　月　社長方針発表会（新入社員合同入社式を兼ねる）
七　月　経営計画発表会及び五年後を見据えた本年度のＪＰＡ総研グループ経営指針の発表
十　月　ＪＰＡ秋季大学成功体験発表大会

これらの儀式は、パートナーとしての位置づけ、意味づけを確認する場であり、全社員を一堂に集め、方針、夢、ビジョンを語り合います。

将来への確たる信念、希望の持てる職場でないと、人材は定着しないからです。

儀式に参加することで、職員たちは事務所の方向性を確認し、「自分はこの事務所の一員である」と強く実感し、組織における自分の立場、いま自分に求められている役割を発見することができるのです。


大学時代にお世話になった中央大学名誉教授富岡幸雄先生が「働きながら学ぶことは人間の生きる上で当たり前のことだ」と言われました。その言葉のとおり、勤労学徒でなければ指導者にはなれないのです。

定着率が良くない事務所は、所長自身に人間的欠陥がある

恩師飯塚毅先生の言葉

『職員諸君が、他の一般の同業者より厚遇され、彼らが満足して働ける職場環境を作っていない事務所は、必ず没落する』

職員の定着率が良くない事務所は、ほぼ間違いなく、所長自身に人間的欠陥がある。鼻持ちならぬエゴイストか、あまりに厳しすぎるか、他人の人心を読む知恵を持たないかのいずれかに当てはまる。逆に職員の定着率の高い事務所は、職員の一人一人が平等に所長から人間的に深く愛され、幸せと成長を祈られているとの実感が職員の間に定着している。

必ず社員の顔を見て様子を確認する

私は社員たちに、巡回監査に出かけるときや帰社時、退社時には、私の部屋に挨拶に来ることを義務付けています。さぼった人間を駅まで呼びに行かせ、事務所の目立つ場所に立たせたこともあります。

挨拶の仕方や口調、目の力などから、社員たちの様子を確認することが目的です。

元気がないようだったら「どうした。何か心配ごとでもあるのか？」と声をかけ、ソファーに

座らせて話を聞きます。こうした日頃の触れ合いを通して「自分のことを見てくれているんだ」という気持ちを持ってもらいたいからです。

年四回の儀式の間の三ヵ月間はカラオケで私の歌を聞かせ、東京や東北の事務所、全支社には毎週欠かさず直接出向いています。このように日頃から触れ合っておかないと、私自身が「現場、現実、現物」が見えなくなってしまうからです。

大和ハウスの樋口会長も、就任以来毎日、全国を歩いて回っています。組織を活性化するためには、パトロールではなくふれあいという目的で現場に出向くことが重要で、そのふれあいの中から成長の芽が出てくるのです。

どういう基準で社員を採用するか

以上のように私は、日頃から職員と接することを大切にしています。

人の心はわずかなことでも揺れ動きます。まして上司の言葉や態度は、職員の心を良い方向にも悪い方向にも影響を与えます。その意味で私は、職員とのふれあいを大切にしているわけです。

それに加えて職員の採用にも気をつかっています。

何事もそうですが、最初が肝心です。職員の採用も同様です。

新規採用で私が、応募者に決まって確認することがあります。

この仕事を選んだ動機——志望動機が純粋であるかどうかを重視します。そして、プロとしての心構えの基本である使命感、情熱をどう見抜くかが重要になってきます。

私の事務所の職員は、経営者に経営指導をする指導者的立場で仕事をするようになりますので、指導者に必要な明るさ、はっきりものが言える声の大きさをまず確認します。何を言っているかわからないのでは通用しません。

それに加えて向上心があり、勉強しているかどうか、本を読んでいるかどうかも確認します。その手法として「我が人生、わが職業観はいかにあるか」というテーマで、便せん二枚の作文を書いてもらいます。これで、普段から読書をしているかどうかがわかります。

以上「明るい」「大きな声が出せる」「向上心が強い」という三点を新規採用時に重視しています。この三点が、ヒューマン・コミュニケーションズ業の適性を決定づけると考えているからです。

また、友だちが多いかどうかも大事な点です。「友人というほどの者はいません」と答える人は、どちらかと言えばこもりがちで無口な人物です。

会計事務所が帳面屋、決算屋、申告屋と言われた時代は、確かに無口な事務員の方が喜ばれました。しかし私は会計事務所に就職したときから話をすることが好きで、所長から「神野。お前はしゃべりが多すぎる。顧問先に行った時には話をあまりしないで帰って来い」とよく注意されたものです。

でも前にも書きましたが、経営者は経営の話をすると喜ぶ。話をしたがっているのです。

会話の原則は、まず相手の話を聞くことです。そのおかげで私は「はー、ひー、ふー、へー、ほー」と身ぶり手ぶりで大げさにあいづちを駆使する聞き上手になりました。そして「認める、ほめる、肯定し賛同する」の「みほこさん」もフルに使うことで、社長とのコミュニケーションがスムーズに進みました。

話が横道にそれましたが、職員の採用でイエスかノーかをはっきり言えるかどうか、主体性があるかどうかも重要です。

たいして難しくもない質問に対して、自信がなさそうな答え方しかできない人間、顔を見ないで話をするような人間はまずダメで、不正を働き、あるいはやめていくケースが多いと感じています。

相手の目を見てコミュニケーションがとれる人材であることは、会計事務所の職員に欠かせない条件だと考えています。

また、音楽や歌が好きかどうかも、私はかなり重視します。音楽や歌が嫌いな人は、まず閉鎖的で暗い場合が多いようです。面接で「歌を歌ってみろ」と言ったら「何でもいいですか」と本当に歌った人間がいましたが、こういう人間は見込みがあります。

音楽は明るさを証明すると同時に、考え方の積極性、完成度の高さも表わします。

そんなことで職員を採用してもいいの、と思われる方もおられるかもしれません。

私は、知性や理性をテストするのは従来型の会計事務所の手法で、今後の人材条件を満たしていないと考えています。その理由はヒューマン・コミュニケーションズ業を標榜する会計事務所では、感性、霊性が豊かであるかどうかが大きなウェートを占めるからです。

ビジネスに遠慮は禁物で、主体性があれば遠慮などしません。遠慮は貧乏のもとであり、恥ずかしがらない性格であるかどうかも重要なポイントになってきます。

忘恩と背信は凡人共通の特徴

恩師飯塚毅先生の言葉

・「忘恩と背信は世の常である」（チャーチル）との認識に立ち、相手の忘恩、背信にあったからといっていちいち腹を立てているのでは、教育する者としての資格がない。忘恩と背信は凡人共通の特徴。この辺の割り切りが急所。

資格者は一国一城の主　根本的にはパートナー

仕事をしていると、恩師飯塚毅先生ご指摘のように忘恩と背信はついて回ります。私も何回か経験しています。でも、こちらの対処で忘恩と背信から逃れることもできます。

わが事務所における独立志向のある職員に対する方法を例にとってお話しします。

せっかく育てた職員が独立して辞めるというのは、事務所にとって大きな痛手です。

「何で」という思いもありますが、独立志向はやる気のある人間ならあって当たりまえです。ですからそれを否定はできません。

問題は、税理士の資格を取るまではおとなしくしていながら、取ったとたんに独立の本音を見せることです。こちらとしては、これからが本当の活躍のときと思うだけに、資格者を失うことは業務拡大を目指すわが事務所にとっては大きな損失になってしまいます。

そこで私たちの事務所では、独立したいという気持ちを「拠点経営者」としてやっていきたいという考えにさせるよう働きかけます。これは早すぎても遅すぎてもダメで、タイミングを外してしまうと失敗します。

独立の「ど」と言い出す瞬間をとらえて、「お前、あそこの所長をやってくれ」と言って拠点の責任をまかせた社員税理士たちが、全国十ヵ所で日本一を目指す戦力としてその責任者としての業務力を発揮しています。

資格取得者に対して待遇面で配慮するのはもちろん、所長税理士としてやりたいという気持ちを察知し、拠点経営者となってもらうための税理士法人の支社を作る。このタイミングが遅れてしまうと取り返しはつきません。

十年、二十年かけて育てて資格をとった人材は、その間にすでに事務所になじんでいるため、独立すべきか残るべきか迷っています。報酬をケチってはダメで、組織内の最高幹部でケチる人間をどう制止するか、少なくとも年俸壱千万円プラスアルファは必要だと思います。

新しい支社を作ることを躊躇したりすると、人材の流出や内部的なトラブルを招き、人間関係まで悪くなるといったトラブルを招きかねません。この点は、私にとっても反省点といえます。そこで、先回りをして、「今度、お前はあそこだぞ」「お前、将来どこに支社を出したい？」という夢とロマンを語ることにしています。

こうした考えのもと「俺たちは家族的ベストパートナーだぞ」という考えで、パートナーとして組織を作り上げてきたことは、我ながら快挙だったと思います。

資格者は一国一城の主で五分五分の関係ではありますが、組織の中での立場があるため代表、会長、社長、専務、支社長としての役割、業務面での役割分担、業種特化の役割などがあります。このような組織上の区分はありながら、根本的にはパートナーだという考え方です。

非常に難しい形態だけに、ポジション、待遇、リーダーシップの与え方がカギを握ります。

この点恩師飯塚毅先生の教えは、現場における全ての決定権を与えながら、その承認権と修正命令権を留保することである!!　と。また組織を凡にして非凡にならしめるための条件としては、会社がどういう方向に行こうとしているのか、五年、十年、二十年、できれば一〇〇年後まで見えるような未来像、ビジョンを、常にこれでもか、これでもかというくらいに何度も教え、しつこく訴えながら全社員に明日を見せる努力をすることです。

「わかっていますよ。そんなこと百も承知です」と言うくらい、しつこく社員の中に肉体化させていく。こちらの考えを徹底して植えつけ、そこから離さないという姿勢が、事務所づくりのポイントであり秘訣だと思います。組織を作るのはやはり人間なのですから……。

第五の教訓　現状肯定を打破し明日を生きる為の条件とは

現状肯定を打破するとは、現状を否定せよということです。「現状に甘えるな。職業会計人の使命に燃え、さらなる向上を図れ」という恩師飯塚毅先生の思いが伝わってきます。

それにしても先生は、人間をよく見ておられる。みなさんは、どう受け止められるでしょうか。

恩師飯塚毅先生の言葉

「現状肯定」とは、惰性的な自分のあり方を漫然と承認することである。

次はその代表的例である。

・**徹底的な利己承認型**　会計人業界には最も多い、スケールの小さい人（自分のことしか考えない）。中途半端な事務所しか持てない。

・**あきらめ型**　「どうせ俺はこの程度なんだ」という考えで、不遜なる自己限定の愚を犯している。迫力なき人生を送り、事務所は貧弱そのもの。

・**ノンポリ型**　一般的に「会計人は政治に近づくべきではない」と言われる。政治家に近づいてはならないと言っている人は、いわれなき楽観の中で生きている。盲目的利己中心の生活態度。法治国家の本質を知らない無知なる弱者である。

・行ったり来たり型　すべてに信が持てない。生活における信の重大さの掘り下げを欠いている。常に迷っており、信念がない人は絶対に社長になれない。偶発的観念の奴隷である。

・裏面探索型　「一枚の紙にも裏と表がある。人間にも裏と表がある」のに裏面ばかり、マイナス面ばかりを見てしまう。「光明に背面なし」裏も表もない人生でないといけない。

こうした人間が、現状肯定をどうやって打破していくのか。人間のさらに深い部分にまで踏み込んで先生は解説しています。

現状肯定を打破する方法論とは

現状打破の必要を知っただけでは足りない。表面意識と深層意識の一致が必要である。

1　雑念多発の現状を承認する
2　自分自身に対して切り込む（雑念はどこから来てどこに去るのか、自問自答する）
3　雑念は、自分自身が勝手に自家製造していることに気が付く
4　雑念を消去するテクニックを身に付ける
5　雑念よこんにちは（確認する）はいさようなら　二念をつがない
6　深層意識の徹底浄化を図る　人間の行動を選ぶのは深層意識、これを浄化しない限りダメだが、かなりの苦労が必要

植木老師の勤行　九十七歳で亡くなる直前まで飯塚よりはるかに優秀。その違いは、勤

行に励む猛烈さ

7　観念と実行が一致してくる（克己心の必要がまったくなくなる）難行苦行が難行苦行であるうちは、たいしたことがない

8　原価は一円もかからない

> 努力なき努力、精進なき精進が新しい道を展開していく　飯塚毅

五つの顔を持つ桃太郎ザムライであれ

現状肯定を打破して職業会計人はどうあるべきなのか。恩師飯塚毅先生は示しておられます。「職業会計人はプロフェッションとして、五つの顔を持つ桃太郎ザムライであることが求められる」と。

まずは「**町医者**」の顔、そして、これからどうなるかを示す「**易者**」の顔です。顧問先の社長が「先生、これからどうなるんですか」と質問してきたときに「私の直感では、日本の現状を踏

まえてこう見える。企業はこう展開していくべきだ」と明確に示すことができる人です。

続いて必要なのが「**学者**」の顔です。私は大学院で教授を務めていますが、顧問先には「この人は勉強しているな」という顔を見せなければなりません。

そして「**芸者**」の顔です。「あなただから言うんだけど、この問題、課題についてどう思う？」といった話を、常に身近で聞き、秘密を守り、悩みを聞いてくれる顔です。顧問先の社長と内緒話、二人きりの話ができるかどうかがポイントです。

その次に必要なのが「**役者**」の顔です。プレゼンテーションや提案を役者魂でいかに行うかです。その一例として、飯塚先生は顧問料の値上げについて「御用聞きスタイルでお願いするものではない」と言っていました。どうしても顧問料の値上げに応じない顧問先がいた場合には、次のような具合に狙い撃ちしていたそうです。

まず、顧問先の前をたまたま通りかかったという風情で社長を訪ねます。お茶を飲みながら世間話をしている最中に「ところで、社長のところは、顧問料はおいくらだったかな？」と質問します。

社長が「七万円ですが」と答えると「なに?!　安すぎる!!　倍にしなさい」と叱りつけ、相手は恐れ入って言うことを聞いたそうです。

もちろん、これは事務所が提供している業務の品質に絶対の自信があるからこそできることです。私も恩師飯塚毅先生の真似をしようかと考えていますが、私たちの年齢になったからできることでもあります。

私の事務所にも数人いますが、会計事務所には顧問料の集金に苦手意識を持つ職員が少なくないようです。しかし、私は顧問先に対して遠慮をする必要はまったくないと考えています。

プロとしてのプライドを持って業務を行っているのだから、堂々と請求して正当な報酬を受け取る。こうした、いわば町医者的な態度を貫けばよいのです。

水にいて渇を叫ぶがごとし

現状を肯定している人にとって、ものの見方、考え方を変えるのは相当に難しいようです。私たち、職業会計人の中でも「職域防衛、運命打開」について誤解している人がいるようです。

ここに言う「職域」は単に私たち職業会計人の職域という意味ではありません。私たちの顧問先そのものが職域であり、顧問先を防衛することが職業会計人の運命を打開することになるのです。

そしてそれが「自利利他」として跳ね返ってくることを指しています。

つまり、顧問先を守ることが自分たち自身の防衛であり、顧問先の運命を打開することによって私たちの運命を打開することができるという考え方なのです。

この考え方にならない人は、ＴＫＣに入会したにもかかわらず、事務所が成長発展しないのは、「ＴＫＣの指導・サービスが悪いから発展しない」と、ＴＫＣのせいにし原因を自分以外のところ特にＴＫＣの側に求めているからです。

こうした態度について、恩師飯塚毅先生は「水にいて渇を叫ぶがごとし」と表現していました。

つまり、水の中にいながら「のどが渇いた」と言っているようなもので、自分で水を飲みさえすれば、のどの渇きを癒すことができるのです。素晴らしいＴＫＣのシステムを手に入れながら利用しないのは、文字通り宝の持ち腐れなのです。

私の事務所はＫＦＳ推進でＴＫＣ会員の中でトップを走ってきましたが、それは素直に実行してきたからであり、やらない人は「のどが渇いた。ＴＫＣはなぜ儲けさせてくれないんだ」「ＴＫＣが悪いんだ」という具合に決めつけます。

そして、単にコストの安さだけで弥生会計などを利用する安易な道を選んだ結果として、いまだに自計化率が三割程度にとどまっている状況にあります。つくづくもったいない話だと思います。

第三章

恩師飯塚毅先生から学んで真似て実践した
我が職業会計人の「経営維新」その四十五年の軌跡

私は恩師飯塚毅先生との出会いがあってから、ただひたすら先生の教えを学んで真似てきました。そして四十五年、現場でそれを実践断行し「サクセスビジネスモデル」を実現してきました。職域防衛、運命打開を合言葉に、全顧問先に対して例外なく、全面的に実践し、町医者の態度で取り組んできたのです。

その結果、平成二十一年、二十二年もＴＫＣ全国会で総合表彰全国第一位を受けることができました。ＦＸ２導入、電子申告、書面添付、継続ＭＡＳのすべてで全国第一位となったのです。それはあくまで恩師飯塚毅先生の教えがあったからです。

その恩返しの意味も含めて、私たちの事務所では業界のフロントランナーとして業務品質日本一を目指しています。

本書で訴えたいことは、もう記帳代行だけの会計事務所ではやっていけなくなりますぞ!!

帳面屋、決算屋、申告屋に留まっていては顧問先から三くだり半を突きつけられますぞ!!

顧問先の戦略経営支援で黒字会社づくりと書面添付支援による申是推進の徹底実践で、税務と経営の指導ができる本来の会計事務所の役割を果たして下さい!!　さらに中小企業の経営力強化支援に全力投球して下さい!!　……ということなのです。

それが職員の生き甲斐にもなって、顧問先から必要とされる頼りがいのある会計事務所に生まれ変わることになるのです。そのためにどうしてもやらなければならないのが、職業会計人としての経営維新断行であることは間違いありません。

この章では、私が恩師飯塚毅先生から学んで真似ながら実践し、必死の努力と信念で取り組んだ四十五年の実践的『経営維新』の内容を紹介します。

一　恩師飯塚毅先生の教えの第一は『主体性の確立をせよ!!』であった

恩師飯塚毅先生はすべての職業会計人が指針とすべき、多くの言葉を残しておられます。なかでも私には強く印象に残っている出来事があります。

ＴＫＣ入会当初、恩師飯塚毅先生から『参禅入門』（大森曹玄著）を頂き、添えてあったメッセージを読み心から感動したものでした。

贈　四六．四．二三
公認会計士　飯塚毅
会計人としての真の大成のためには、貴兄が人間として、主体性の確立を計られる必要があると考えます。この書がその契機となれば幸いです。
神野先生

その後、幾度となく恩師飯塚毅先生の火を吐くような激しい言葉や助言に接してきました。先生の激しい言葉の裏には、祈りにも似た「慈悲の心」、すなわち「すべてのＴＫＣ会員、その職員の一人一人がさらに優れた会計人に成長してほしい」という願いがありました。

それに応えるべく私は退路遮断、「ＴＫＣ会計人として我が人生のすべてをかけて悔いなし」との熱き思いで――確信に満ち溢れた先見力のあるリーダーになることを肝に銘じて――毎日を生きてくることができました。

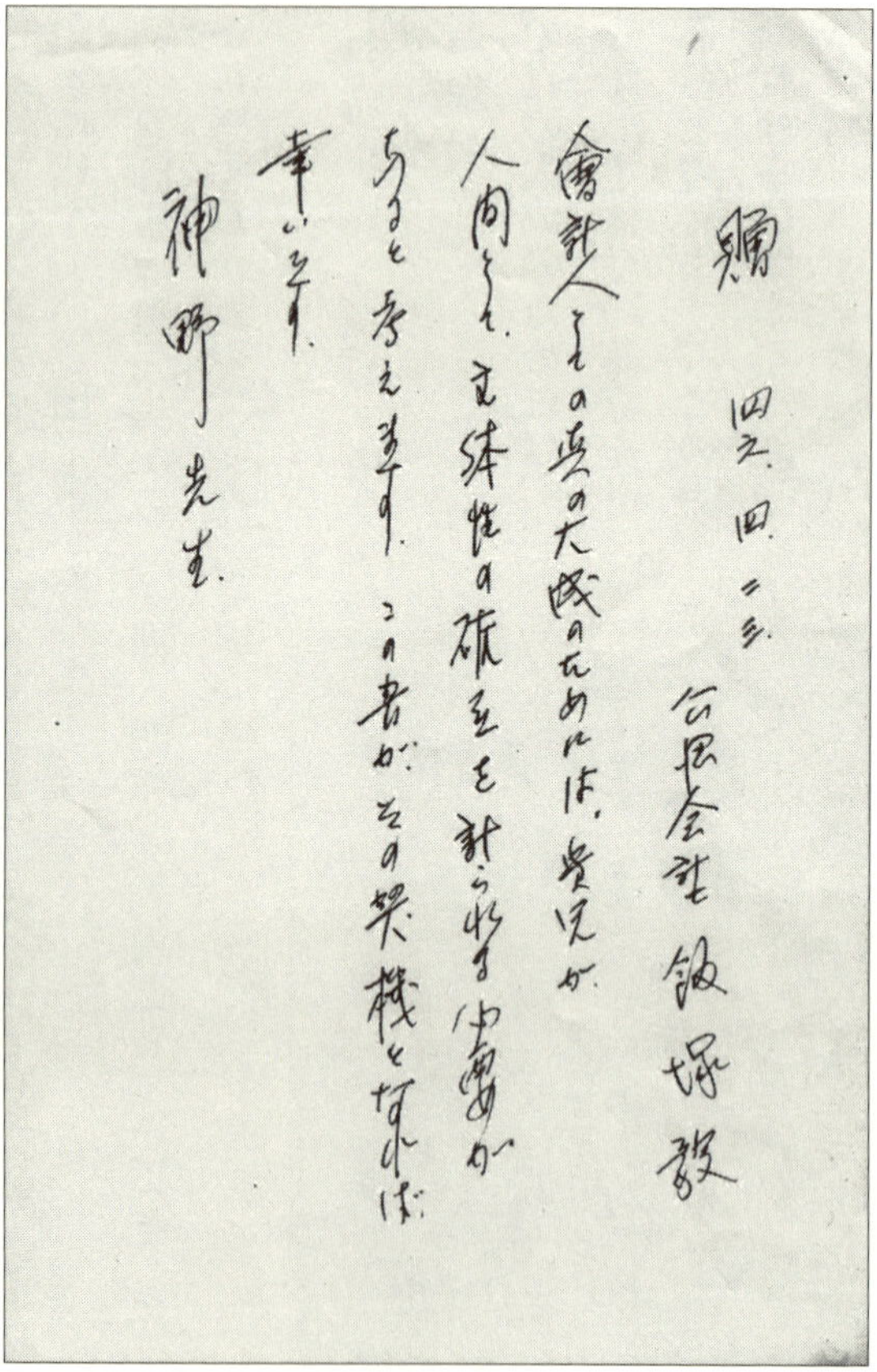
贈　四六、四、二三　公認会計士　飯塚毅
會計人としての真の大成のためには、貴兄が
人間として、主体性の確立を計られる必要が
あると考えます。この書がその契機となれば
幸いです。
神野　先生

私が恩師飯塚毅先生に学んだことの最たるものは、「確固たる主体性の確立と、誤てり自己限定の排除」という姿勢でした。

確固たる主体性の確立について先生は、アインシュタインの言葉を使って説明してくれました。

一つは、「人は自分の顔を見たことがない。神様は自分の顔が見えないように人間を作っている」という話です。

もう一つは「人は自分の後姿も見ることができないように作られている」という話です。

自分の顔を見たことがないというのは、「人は何のために生きるのか」「何のために仕事をするのか」「人生は何のためにあるのか」、その答えがここにあるということです。人の喜ぶ顔を見ると自分も嬉しくなるように、人のために生きることで自分自身が輝いてくるのです。

自分の後姿も見ることができないというのは、見えないけれども人様に自分自身を支えていただいているということを感じながら、そして沢山の人の支えがあって生きていることに感謝、さらには一人では生きていけないということを自覚せよとのことです。

大事なのは「報恩感謝」、人様のおかげで生かされているという境地に立ち、自分自身の揺るぎない祈りにも似た生き方を持てという教えなのです。

「誤てり自己限定の排除」とは、仕事をなす上で相手を勝手に決めつけ、相手の立場に立った判断と行動を怠った自分よがりの生き方をやめよとの教訓でありました。

このことを教わり、私は自分自身の生き方が定まりました。

二　職業会計人の経営維新それはＴＫＣ理念「自利利他」と「光明に背面なし」を素直に実践することであった

私は恩師飯塚毅先生との最初の出会いで、先生のスケールの大きさに驚き、同時にリーダーの条件を発見しました。

その条件とは、夢追い人であり、ロマンとビジョンと輝く未来像を語れる人ということです。

今から四十数年前に、コンピュータが電話器なみに使われるようになると断言され、職業会計人の運命打開の方向性を示され、集団死滅の時が来ると予言をした人はいませんでした。その先見力、洞察力は、いま振り返ってもまさに凄いの一言です。

「飯塚の先見力を信頼しなさい」という先生の確信に満ちた言葉を聞いた時、その瞬間に私はこの先生について行こうと誓いました。

二十年ほど前、五十歳のころからＴＫＣ全国会副会長として全国二十地域を訪問し、講演をさせていただき、合計六十回以上ＴＫＣの理念をはじめ、考え方、企業防衛、自計化、書面添付電子申告というビジネスモデルについて、飯塚先生の身振り手振りを真似しながら話して歩きました。

「なんだ。飯塚先生の真似をしているんじゃないか」という声も聞こえてきましたが、そういう人たちは今も成功していません。逆に「そこまで飯塚先生になりきれるんですね」と素直に話しかけてくれた人、恩師飯塚毅先生の教えを素直に実践した人は、みんな成功しています。大変嬉しい限りです。

　そうでなければ、私が六十回以上も全国を講演して歩き回るわけがありません。

　恩師飯塚毅先生は人間の条件として「素直さ、正直さ」が必要だと言っていましたが、まがりなりにも弟子として成功した秘訣は「学んで真似て、素直に実践した」ことであり、私は悪口を言われても断固として全国での講演を続けました。

　先生の教えの基本理念は「自利利他」です。「自利とは利他をいう」、その本質は利他即自利即ち自他無二なり。己を忘れてお客様のために全力を注ぐ。人のために徹底して尽くすことが自分の利益につながっているということです。

　この基本哲理に猜疑心を抱えてしまうと、人間は人の話を素直に聞くことができません。そういう人がなんと多いことか。疑いを持つことは、成功を望む者にとって大変なマイナスです。

「光明に背面なし」とは、光には表も裏もありません。それと同じように、人生においても裏表のない生き方をしなさい、即ち素直に正直にうらをかかない生き方をしなさいということです。

　事務所の経営維新をどんなに声高らかに叫んでも、ＴＫＣ理念「自利利他」と「光明に背面なし」を素直に受け入れ実践することがなければ、とうてい無理です。

　三大意識改革にもありました、想念実現即ち思いを込めて念じることがあって物事が実現していくのです。

三　巡回監査一〇〇％の実践、企業防衛保険指導で「満腹作戦」を徹底断行したことが信頼の踏み絵となり経営維新断行の礎となった

恩師飯塚毅先生から「すべての顧問先に例外なくサービスを提供することが成功の秘訣ですよ」と教えられました。すべてのサービスは例外を認めてはならず、採算を無視してでも断行せよ、ということです。

巡回監査を全顧問先例外なく一〇〇％実践すれば必ず事務所は発展する

具体的には、誤てり自己限定の打破であります。

私は、ＴＫＣ入会と同時に、当時の顧問先六十社にコンピュータ会計を導入しました。コンピュータ会計によって合理化を図り、巡回監査を核とした品質の高い業務を提供しなければ絶対発展しないと、恩師飯塚毅先生の教えで確信することができたからです。

記帳代行の延長ではありましたが、とにかく例外を認めないこと、顧問先を限定しないことが大切だと考えたためです。

職員はかなり違和感を持ったようですが、ここで引いてしまうと何の意味もありません。

「巡回監査をやれば必ず事務所は発展する。だから黙ってついてこい」式で独断専行しました。

恩師飯塚毅先生の受け売りでしたが、そう言ってはっぱをかけ、ようやく記帳代行業務から脱皮し始めました。

実際に巡回監査を開始すると、一年間で顧問先の件数は一二〇件に倍増し、その後も増え続けました。どんな小さな顧問先でも毎月巡回監査で訪問したため、顧問先に「これまでと違う」と感じてもらうことができ、次々に紹介を受けることができたのです。

さらに、ＦＸ２戦略マシーン、継続ＭＡＳの全社への導入と書面添付を加え、成功の鍵作戦21即ちＫＦＳを事務所の三大戦略と位置付け、ステップアップを図ってきました。

そして現在、ヒューマン・コミュニケーションズ業として事業領域を着実に拡大・深化しつつあるとの手応えを感じています。

顧問先の拡大とともに監査担当者も増えましたが、私たちの事務所の巡回監査実施率は九七％超に達しています。一〇〇％の達成は事実上困難かもしれませんが、一〇〇％を目指すからこそ、九七％超までアップしてきたのだと思います。そして、こうした熱意を持った取り組みを通した職員諸君のスキルの向上、成長成熟した全社的ノウハウの蓄積が、我が事務所の現在を支えていると再認識しています。

顧問先完全防衛のために保険指導一〇〇％付保率達成を目指す

継続ＭＡＳ業務を攻めるための「剣《つるぎ》」とすれば、企業防衛保険指導は守りのための「楯《たて》」にたとえることができます。

顧問先企業の社長、社員とその家族を万が一の事態から守るための適切な保険指導に取り組むことが、顧問先企業の永続的発展の支えとなり信頼の踏み絵ともなりました。

そこで、私たちの事務所では社内業績検討会の開催時に、顧問先のリスクの洗い出しを行い、生保、損保の担当者と共に保険指導に取り組む、保険指導体制を確立してきました。全顧問先を人的リスク・物的リスクから完全防衛するために、全社一〇〇％付保達成を目指しています。

ところが、ＴＫＣ会員のうち企業防衛保険指導に取り組んでいる事務所は三〇％弱にとどまっています。本当に、これで責任を果たしているといえるのでしょうか。

企業防衛への取り組みで収益構造を変え、顧問先を徹底サポートすることが会計事務所の王道なのです。そうではなく、「保険指導などやりたくない」と考えているとすれば、それは誤てり自己限定に陥っている人です。自分が危機管理業であることを忘れているためにほかなりません。万が一のための防衛策として、顧問先は会計事務所の徹底支援を望んでいるのです。

そこで大事なことは、巡回監査と企業防衛保険指導を例外を認めないで実践することです。町医者の態度で付保率一〇〇％、満腹作戦に全員で取り組みます。そうすると、五〇％、六〇％水準に到達し、毎月数百万円の企業防衛、保険指導による報酬、指導料が事務所に入ります。このアプローチと取り組みが、顧問先指導のきっかけとなります。同時に、顧問先の企業防衛の防衛たる意味のもう一つの意味は、実は収益構造が変わるという意味で事務所の防衛になるということなのです。

一〇〇〇万円の企業防衛指導がなかったとしたら、私の事務所も事務所防衛につながらなかったでしょう。何もしない事務所と同じで、毎月一〇〇〇万円の収入がなければ、先行投資はできず、職員にも豊かな分配ができません。そこに企業防衛保険指導は事務所防衛であるとの意味があるのです。

四　ＴＫＣのサクセスビジネスモデル、「ニューＫＦＳ」を全顧問先に全社例外なく、そして燃える情熱と正しい使命感で実践断行した我が事務所の経営維新

成功の鍵作戦21「ＫＦＳ」の導入実践で事務所の収益構造が大幅に改善、経営維新に弾みが!!

会計事務所の経営維新を実現するためには、具体的に何をすべきか。その答えを私は明確に示すことができます。ＴＫＣ会計人には、「ＫＦＳ」すなわち、Ｋ（継続ＭＡＳ）、Ｆ（ＦＸ２導入、自計化）、Ｓ（書面添付）という強力な武器が用意されているからです。

ここで大事なことは、ＫＦＳの三つをワンセットで捉えることです。ある顧問先はＦだけ、またある顧問先はＫだけにしておこうといった勝手な誤てり自己限定を排除し、「全顧問先にＫＦ

Ｓを導入するぞ」と決意し、強い意志を持って取り組むことです。

ちなみに、私たちの事務所ではこのＫＦＳについて、より盤石にする意味でニューＫＦＳの推進即ち「ダブルＫ」「ダブルＳ」という戦略で取り組んでいます。「ダブルＫ」は継続ＭＡＳ＋企業防衛、リスマネ指導。「ダブルＳ」は書面添付つき電子申告と就業規則の見直し指導で、事務所一丸となって推進しています。

ところが、記帳代行業務を残しながら片手間に継続ＭＡＳ・書面添付を行うという業務の二重構造に陥っているＴＫＣ会員、二〜三割程度の自計化推進率で安住しているＴＫＣ会員もいます。このような会員と、全顧問先へのニューＫＦＳ導入に真剣に取り組むＴＫＣ会員の差は、事務所の収益構造にも歴然とその差が表われてくることになります。

中途半端のままでは、衰退の一途をたどるしかありません。楽をした職業会計人、間違いに気がついても改めない職業会計人には未来がないのです。

それが嫌なら、情熱を燃やし意識改革を行い、まずは業務の二重構造をなくし、収益を拡大し、収益構造の改革を図ることです。これこそが、いますぐ取り組むべき課題であり、巡回監査の完全実施と自計化を前提としたニューＫＦＳの全面導入が、職業会計人としての経営維新を成し遂げるための絶対条件となるのです。

ほとんどのＴＫＣ会員がＫＦＳ推進の後に取り組もうとしているニューＫＦＳの「Ｋ」は、企業防衛保険指導と継続ＭＡＳであり、ビジネスドクターたる姿勢で実践することが求められているということです。

恩師飯塚毅ＴＫＣ全国会名誉会長は「税理士法第一条における使命条項を守らないＴＫＣ会員は、ＴＫＣを偽る人物で会員ではない」といつも言われました。「ＴＫＣ会員として、顧問先を完全防衛し、運命打開の本気の気、即ち発心、決心、持続心がない会員先生は、もう間もなく自然淘汰されるだろうということを申してはばからない」ということでした。

五　ビジネスドクターたるプライドで、戦略マシーンＦＸ２を活用、継続ＭＡＳで黒字会社七〇％超を実現、そして書面添付つき電子申告で九九・五％の申告是認体制を確立すべく、職業会計人として必死で取り組んだ経営維新四十五年の軌跡

戦略マシーンことＦＸ２の導入、継続ＭＡＳの実践で職員の視野が広がり経営者的発想が芽生える!!

ＦＸ２の導入によって、自社の業績をタイムリーに把握し、迅速な意思決定を行う体制が完成し、ここに継続ＭＡＳが加わることで鬼に金棒となります。

継続ＭＡＳで自社の明日の姿を明確に描き、目標達成のための行動計画を立てます。そして、

FX2で計画と実績の詳細なすりあわせなど、的確な経営管理を行い、調整を図ります。つまり、継続MASと戦略マシーンであるFX2と合体させることで、

「PLAN（計画）」→「DO（実施）」→「CHECK（統制）」→「ACTION（改善実行）」

のPDCAサイクルの戦略経営が可能となるのです。

継続MASによる未来経営支援を行うためには、職員にある程度の経験とノウハウの蓄積が必要となるため、私たちの事務所では長期的スパンで推進計画を立てました。

事務所の経営計画発表会に顧問先を招待し、「おたくの事務所と同じことをやりたい」という依頼があれば相談に応じるという方針で取り組みを開始しました。

継続MASレベルの業務に取り組み始めると、顧問先の経営者が喜んでくれるため、職員は毎日が感動の連続になります。記帳代行の時代は経理担当者や奥さんが相手でしたが、継続MASを始めると経営者が待っていてくれます。

職員たちも経営者のさまざまな話を聞くことで視野が大きく広がり、経営者的発想が職員に芽生えてきます。

時代を先取り、現場記帳代行、持ち帰り記帳代行を会計事務所からなくし、全社例外なく自計化するとの発心、決心で全力投球することから出発しました。巡回監査や経営助言の主体的業務を実践する上で、その内容が大きく異なります。この大きく異なる業務の二重構造から抜け出す

過程では、私の事務所でも語り尽くせないくらいの苦労がありました。

しかし、全社例外なく一〇〇％顧問先への業務進化を求め、自計化を推進することでようやく二重構造から解放され、さらに、継続ＭＡＳや書面添付という本来あるべき主体的業務の質的レベルアップに取り組んだことで、収益構造も劇的に改善していったのです。

職業会計人の本来的業務である中小企業の経営力強化改革支援、さらに租税正義実現のための書面添付などの報酬を、顧問先から自然にいただけるようになったのです。

所長自身が顧問先、職員に対し誤った自己限定に陥らないこと

私は昭和五十六年に書面添付の徹底推進を決意し、顧問先に対して次の文面の挨拶文を送りました。

「正しい納税、決算、申告を行うことで、税務調査省略を勝ち取りたい。税務調査があっても是認を勝ち取りたい。税務調査から御社の財産を守り、一円も余分な税金は払わせません。ただし、租税正義の実現が税理士法第一条に謳ってあります。恩師飯塚毅先生のご指導により、一円たりとも脱税は認めません」…と。

書面添付を実践するうえで最も避けなければならないのが、所長自身が顧問先、職員に対する誤った自己限定に陥らないことです。

書面添付は一〇〇％実践が当たり前で、例外なしの姿勢で取り組む必要があるのです。

税理士は申告是認率九九・九九％の高い業務水準を確保しなければならない

恩師飯塚毅先生は「租税正義の実現という大きな公共的使命を担う税理士は、当然に申告是認率九九・九九％の高い業務水準を確保しなければならない」と訴えていました。税理士法第三三条の二の書面添付は、これを実務面で支える使命条項たる法体系になっているものです。

私もＴＫＣ入会前は書面添付の意義などまったくわかりませんでしたが、ＴＫＣ会員以外では、今でも理解しておられる人は少ないのではないかと思います。

特に昭和四十年代当時は、税理士法に明記されてはいてもその存在さえ知らず、「触らぬ神にたたりなし」という態度で、「やらなければやけどをせずに済む」という逆の解釈がまかり通っていました。

顧問先と会計事務所の間の損害賠償トラブルなどはまずなかった時代だったこともあって、「書面添付をしたら責任をとらされてしまう」という誤った理解がなされており、かくいう私もその一人でした。全く逆で、責任をとるからやる業務であると確信しております。

実際に書面添付によって法的防衛をしないと納税者の不正や脱税に巻き込まれてしまい、職員を守ることができず事務所経営も危うくなります。

恩師飯塚毅先生が力説されていたように「顧問先は、一度自己のほ脱事件が暴露されると、とたんに無知を装い、その法的責任を会計事務所の職員又は所長に塗り付けて恥ないという傾向を持つ。（中略）会計事務所は常に冤罪《えんざい》の脅威にさらされているのである」（飯塚毅『電算機利用による会計事務所の合理化』）。

そこで、書面添付によって計算、整理を行い、相談に応じた主な事項、関与の度合いなど、すなわち税理士が責任を持てる範囲、程度を明確にしておくことが大切なのです。

もちろん、顧問先に脱税など起こさせないように、日頃から顧問先の納税意識を高めることに努めるとともに、職員のケアレスミスを完全に追放する体制を構築し、松沢智・第二代ＴＫＣ全国会会長が当時我々に対する檄として言われたように、書面添付を「申告が誠実に行われていることを示す品質保証書」であるとのレベルまで品質を高めることが業務の実践であり目的であることは言うまでもありません。

責任を取る仕事をしているからこその書面添付つき電子申告

昨年（平成二十四年）七月、私の地元である福島・二本松の税務署長と一時間お話しをする機会がありました。私の著書をお持ちするとともに、申告是認率九九・五％のデータ、黒字会社七十％のデータもお見せすることを約束しましたが、「そういう会計事務所があったんですか」と署長は驚いていました。

赤字会社は倒産予備軍にほかならず、顧問先を赤字会社のままで放っておくのは、税理士、会計事務所の無責任な態度以外の何物でもありません。

大武健一郎前ＴＫＣ全国会会長が「ビジネスドクターたれ」と言われたのは、私たちがやっている黒字会社づくり、中是優良企業づくりを後押ししていることなのです。

「責任を取らされるから書面添付はやらない」というのは誤った考えです。必然的にそういう事務所の顧問先には税務調査が入ることになるでしょう。

私自身、書面添付電子申告をやるのが当たり前であり、税務署もそういうスタンスで税務調査に臨むべきではないかと思っています。

こうしたことが言えるのも、私自身が実績を積み上げてきたからです。ＴＫＣ会計人のフロントランナーに学び、職業会計人の経営維新を今こそ断行すべき時なのです。

第三者証明書たる意味のある「データ処理実績証明書」の交付

恩師飯塚毅先生は「書面添付を断行するためには、まず記帳代行から脱皮しなければならない」と訴えていました。

自分（会計事務所）で記帳して、自分で決算して、自分で書類を整備して、書面添付を行うのでは意味がありません。これでは第三者証明とはなりえず、当事者が証明していることに他ならないからです。

自計化指導を徹底して行い（記帳は顧問先がすべて行い）会計事務所の巡回監査を経て月次決算を組み、ＴＫＣ情報センターから第三者証明たる「データ処理実績証明書」が交付されます。この証明済みの月次決算を積み重ねて年次決算を行い、書面添付つき電子申告をするという完全無欠の取り組みができるのです。

私たちの事務所では、自計化の推進と比例して書面添付が増え、企業防衛保険指導、リスマネ指導さらには継続ＭＡＳシステムの導入で収益があがっていきました。収益の伸びに合わせて職員を増やし、より充実した巡回監査体制を構築することができました。このような好循環が生まれると同時に、書面添付の効果として税務調査の件数が以前と比べたら信じられないくらい省略され申告是認されています。

恩師飯塚毅先生の教えを学んで真似て実践してきた私たちの歩みは、正しかった。

自信をもってそう言えます。

六　中小企業の経営力強化支援法で元気会社づくりの真価が問われる！

平成二十四年十月、私が大手ハウスメーカーと生損保の幹部に「今のままでのＫＦＳの推進状況で、本当にＴＫＣ会員、職業会計人として生き残っていけると思いますか」と聞いたら、「いやー、厳しいです」という答えが返ってきました。平成二十五年春の金融円滑化法の廃止で三〇万、次に消費増税で十万単位、デフレ不況で五十万単位でと、中小企業の数がかなりの勢いで減ってしまうという情報があるくらいですから我々職業会計人業界に影響がないわけがありません。金融円滑化法の廃止後は借り入れに頼らないで経営をしなさいということに他ならず、そのためには計画経営をしっかりやり、継続ＭＡＳ指導をモニタリングすることで、金融機関が「よし、この会社を守ってやろう」と同意してくれないと融資が継続されません。金融機関から「ダメだ」と言われないように支援する。それが、一番大事なポイントで職業会計人の指導者としてのまさに真価が問われる時が来たと言っても過言ではないでしょう。

そのためにも、経営力強化支援ができる会計事務所でなければ銀行は相手にしません。ある信用金庫の理事長から、いみじくも「チャンスではあるけれども、会計事務所が半分くらいはなくなるんじゃないか」「新しい顧問税理士、会計事務所を求めて大移動するんじゃないですかネ?!」と言われました。

すかさず私は「そうですね！　しかし顧問先が半減する状況になったら会計事務所も半分以上なくなるから」と答えましたが、顧問先が半分になって維持するとなると自宅でやるしかありません。いま税理士がどんどん誕生しており、残った中小企業三〇〇万社に対し税理士が六万人で平均五〇社。そこにクラウド会計、安売り会計事務所がたくさん出ている状況です。

都内の有名な大手会計事務所などは、会計事務所業界を恐怖に落とし込むような月額五千円から壱万円でやると案内を出しています。これまで三万円でやっていた会計事務所はどう対応したらよいのでしょう。顧問先から必ず言われるでしょう。「こんなに安くできるところがあるのに、先生のところはなんで三万円なの？　毎月来もしないで」「毎月なにもしないんだから、五千円でやってよ」と。そう言われたらおしまいです。

顧問料が六分の一になると、顧問先がたとえ五〇件残ったとしても月額二十五万円にしかならないので自宅でやるしかありません。こうした状況が間違いなく見えるので、万々一の場合は、私も事務所をすべて本社に集める覚悟です。とにかく牙城を守る。会津白虎隊が最後まで死を決して鶴ヶ城を守ったように、デフレ下の経済不況の波から顧問先を守り抜く覚悟です。

われわれ職業会計人が顧問先を完全防衛するとの決意があるかを自らに問おう!!

経営維新は単に意識の問題ではありません。意識の次に行動があり、行動が習慣を作る。習慣が人格を磨く。さらには、人格を磨いて運命を形成する。意志なき所に行動はありません。職業会計人がいま持つべき意志は「顧問先、中小企業を完全防衛する」「我々がやらないで誰が中小企業を守る」「大変厳しい時代ではあるが、やるなら今しかないじゃないか。俺にまかせろ！」という覚悟です。

いまやらないと、平成二十五年三月以降、金融円滑化法の廃止を前にして、恐らく半分以上の会計事務所は中小企業の経営力強化支援法の経営力強化支援等機関の認定を受けられないでしょう。いまごろ「どういうふうにやればいいんですか」などと言っているのですから、「こんな会計事務所は消えてなくなっていいよ」ということになりかねません。

金融円滑化法の廃止と消費増税、その後に来る大不況即ち消費不況、超失業時代に本当に顧問先を守るのは容易なことではなく、会計事務所が二極化するのは間違いありません。それは、適者生存の原理なのです。いよいよ会計事務所は「あなたはそれでも指導者か」と迫られてくる。指導するというのは、教えることと同時に学ぶことで、学ぶことはいかに知らざるかを知ることです。知って自分自身を叱咤激励すると同時に社員を奮い立たせる。顧問先に正しい使命感と情熱でやる気を持たせる。つまり元気会社づくりが会計事務所の経営維新であり業務の改革であると自らに問う時が今なのです。

中小企業の元気会社づくり

それは我が事務所が具体的に実践している業務内容のことなり!!

ＴＫＣ全国会では、新時代の中小企業経営力強化支援作戦に取り組んでいます。

ＫＦＳの実績・経験を土台に、次なるステージである「中小企業の経営力強化支援」は、まさに中小企業を元気会社にする取り組みであり、さらには日本経済の再生に資するものと言っても過言ではありません。

そこで、その担い手である私たちＴＫＣ会員は、職業会計人として、さらに国家を支える国士として中小企業の元気会社づくりを、新しい時代に於けるＫＦＳ即ち「Ｋ」経営革新支援、「Ｆ」不況対策、「Ｓ」創業支援の推進を社会的使命であると認識し、勝ち残りをかけ事務所の総力を挙げて取り組むことが会計事務所の経営維新に他なりません!

ＴＫＣ会計人の十二の条件

恩師飯塚毅先生はＴＫＣ会計人の十二条件を示しておられます。

所長はこの条件を満たしつつ事務所の経営維新に取り組む。税務調査なしの申告是認体制づくりがなされているかどうか、それが経営維新断行の判断基準になると割り切ることです。

ＴＫＣ会計人の十二の条件

第一　ＴＫＣの根本哲理「自利利他」を正しく理解して

第二　その実現の為、日常的実践に励み

第三　実力涵養の為、研修に励み

第四　厳正に租税正義実現の為、その貫徹の為、断固とした態度をとり

第五　専門家としての独立を重んじて、他の奴隷とならず（税理士法一条）

第六　会計に於ける真正の事実（税理士法第四五条）に準拠して業務を実施する為

第七　月々巡回監査を的確に実施し

第八　ＴＫＣのシステム群を自分の宝物として縦横に活用し、申告是認率九九・九九％の実現を目指し

第九　常に関与先の相談相手となり

第十　世界的にみて一般に「正当業務」と言われる保険指導を正々堂々と実施し

第十一　職員諸君は他の同業者より厚遇され、満足して働くに足る職業環境を形成しており

第十二　その業務に於いて社会から信頼され、尊敬されている会計人のことをいう。

以上の条件のいくつかを満たしていない事務所は、遅かれ早かれ必ず没落する。「痴迷無知」の人は釈尊さえ救いえないと言っている。

七　職業会計人の経営維新・元気会社づくりの具体的実践

その1…ヤル気の土俵づくり

所長先生の意識改革を成し遂げ、会計事務所自身が生まれ変わることで会計事務所の経営維新が始まります。つまり発心、決心、持続心の覚悟、「顧問先を元気会社にするぞ!!」との取り組みが職業会計人の経営維新を断行する最重要業務となるのです。

今まで述べてきたことを総括すると次の通りです。

職業会計人の経営維新、それはいかに顧問先を元気会社に生まれ変わらせるか。やはり、経営者である所長先生自らの脱皮創造――平成二十五年巳年にふさわしい――がその第一歩となります。創業時の志に立ち返り、一念発起の心構えで取り組むことを顧問先の経営者に進言し、その心意気を知っていただくのです。

顧問先を元気会社にする具体的な第一の方策として、社員の「本気」を引き出す目標管理支援業務は会計事務所が積極的に取り組む本来あるべき業務となり、現在のような厳しい経営環境下、お荷物社員を一人も出さない職場づくり、人生の修練の場づくりを追求することでヤル気の土俵づくりに取り組むのです。

一般的に行われている目標管理制度の狙いとしては、次のような項目が挙げられます。

①業績・成果主義の徹底
②個人目標と組織目標の一致
③上司と部下のコミュニケーションパワーアップ等
④組織の活性化・ホーレンソーダーネーの徹底
⑤チャレンジ精神の奨励
⑥管理者のマネジメント力の向上

これらの内容を通して「上司と部下が緊密に連携し、組織目標の達成に挑戦する」との職場環境づくりを目指していることが理解いただけると思います。目標管理体制を確保するとともに「企業の利潤追求と個人の幸福目標実現」に向けた、会社、社員ともに成長するヤル気の土俵づくりを目指すものです。しかし、必ずしもうまく機能していない会社が多いのも事実です。

目標管理の効果が上がらない理由として、それが社員の「本気」を引き出す仕組みになっていないことが挙げられます。会社と社員の関係を考えると、上からの一方的な命令で仕事の生産性を高められるケースは決して多くありません。社員が本気で取り組んだときと命令を受けて取り組んだときでは、生産性は大きく異なります。

そこで、個々の社員が心から納得して自己統制を行い、仕事に集中できる仕組みをつくる必要があります。すなわち、社員が仕事の目的と期待される成果を確実に達成するための方策を真剣に考え、最大限の能力を発揮することを促す目標管理体制づくりを、我々職業会計人が指導するのです。

より効果的な目標管理、いわば「ニュー目標管理」を実践する上でのポイントが五つあります。それは次の通りです。

第一のポイント　基本的な経営理念・指針を浸透させる

まず重要なことは、目標管理を効果的に機能させるための大前提として、自社の存在理由、経営者の夢・経営哲学、自社の未来ビジョンなど、経営理念・指針を文書化して、情熱を持って全社員に訴えかけることです。自分たちが頑張れば数年後にはこういう会社になるという、確固たる未来像を全社員にインプットすることが、元気会社づくりの第一歩なのです。

できれば四半期ごとに「儀式」を行い、社員のテンションが下がった頃に再確認するパターンが、周知徹底させるうえで効果的です。三日坊主のすすめです。第二章で述べたように、私どもの事務所では、新春方針発表会（一月）、社長方針発表会・合同入社式（四月）、長期事業構想・経営計画発表会（七月）、一人一研究成功体験発表大会・分科会発表―ＪＰＡ秋季大学（十月）という年四回の儀式を通じて決意を新たにし、モチベーションアップの効果を上げています。

第二のポイント　情報を共有する

経営者、管理者、社員のコミュニケーション・マネジメントを意味します。つまり、会社の目標、担当業務、周辺との連絡、自律的管理体制の確立、対話を通したフェアな評価、社内コミュニケーションの場を設け、ミーティングを通じて情報を共有することで、ニュー目標管理の効果を現実的な共有財産とするのです。

第三のポイント　仕事の目的・内容等を熟知させ、業務の質を高める

目標設定段階では、社員に仕事について充分に考えさせることが大切です。自社の目標と自分の仕事の目的、生産目標のつながりなど、時間をかけ、毎期繰り返すことによって、社員は仕事をよく知ることになり、たとえば、ムリ・ムダ・ムラの排除意識も高まって、業務の質の向上につながるのです。

第四のポイント　自律的に仕事を管理する体制をつくる

目標実践の進捗管理段階で大切なことは、社員による自律的な仕事の管理を行うことです。ここでの急所は、「有言実行」と「相互けん制」にあると言えます。自分の目標と実行計画を全社員の前で発表し、そして、毎月の業績検討会議では仲間の前で進捗状況を発表させるのです。

第五のポイント　面接対話で振り返り評価を行う

ここでは、目標管理と人事評価を連動させることが解決すべき課題となります。つまり、前述の業績検討会議における毎月の振り返りから期末の目標実現へ向けてうまく進めることが重要であり、そのため面接対話と業績査定を区分します。面接対話では評価対象となる事実とその見方に主眼を置き、業績検討会議時の評価決定は面接対話終了後とします。

以上のように、「ニュー目標管理」の効果を高めるためには、従来の枠にとどまらず、手間暇をかけて納得をつくり出すことが、社員の努力を無駄にしないニュー目標管理の実践ポイントとなります。

しかし、こうした提案・サポートは、自分の事務所で実践しその効果を体感したうえでないと、顧問先に対して説得力のある指導はできません。会計事務所業界は「暗い」「汚い」「きつい」の３Ｋ業種の代表選手のようなものでしたが、私の事務所ではニュー３Ｋとして「給料が高い」「休暇が取れる」「希望が持てる明るい事務所」という目標を高く掲げ、その実現に全社員が合意し、一致団結を誓い合ったことが、元気事務所づくりのスタートラインになりました。

第一のポイントで挙げた、年四回の儀式は効果の上がるヤル気の土俵づくり、ニュー目標管理の一環であり、さらに、年度初頭には全職員に「幸福目標」として人生の六分野、すなわち精神面・経済面・家庭面・社会面・教養面・健康面について、目線を合わせた親身のヒアリングを行います。給与目標、家庭における目標などを具体的に書き出させた上で十分に検討を加え、その実現に向けて積極的に協力する旨の約束を「幸福目標用紙」にお互いに自署押印して、信頼の絆としてそれを持ち合います。

その上で、事務所の来期の売上目標、利益目標を提示し、この目標に取り組む個人の立場から一人一人の売上目標、付加価値目標を書き出します。商品別、サービス種類別に徹底したニュー目標管理のポイントをぶつけ合わせて決定し、プロセス・シミュレーションをもって確認し合う。

それに基づいて、事務所の経営計画をつくり上げ、経営計画発表会を開催し、その実現に向けて気持ちを一つにする。我が社で実践している仕組みをほとんどそのまま、顧問先への指導に活用できるのです。それが次に掲載する「元気会社づくりの具体的実践　その2…儲かる仕組みづくり」です。

職業会計人の経営維新・元気会社づくりの具体的実践

その2…儲かる仕組みづくり

会計事務所が取り組むべき、顧問先を元気会社にする第二の方策は「儲かる仕組みづくり」であり、具体的には戦略会計の導入・実践です。会計情報を、経営計画や経営戦略の策定、経営者の意思決定に役立たせる仕組みを構築することです。さらに戦略ＭＧで全社員を巻き込み、「全員経営システム」の導入をすることです。

元気会社づくりをサポートする戦略会計導入の、具体的ステップは以下の通りです。

第一ステップ…顧問先企業の現状に合わせて取り組みを開始する

まずは、社長の本音に応える提案を行うことが重要です。財務データの提供だけでなく、決算予測対策の開催支援から経営計画（損益・資金）策定と予算管理の実践支援など、経営者が会計事務所に求めるニーズは数多くあります。

そこで、会計事務所としては、業績検討と予算管理を徹底的にフォローする有効な仕組みとしてのプラン・コントロール・プロフィット（計画管理・利益獲得システム）など、顧問先の現状や経営者のニーズに応じた効果的な戦略会計の導入を提案します。

第二ステップ…当期の決算（利益）が見える戦略的決算対策（損益予測から資金繰り見込みまで）の提案

ここでは、最初に決算予測に着手します。決算の三カ月前の時点で期末の業績予測を行い、節税対策、赤字の場合は利益確保対策を親身になって提案します。続いて納税額を試算し、法人税・消費税などの資金手当てを早めに行うよう勧めます。経営者が安心して決算を迎えられるよう全力で支援するのです。

第三ステップ…次期経営計画の策定で先の読める経営を提案

経営計画の策定は、変動損益計算書を活用してさまざまな経営シミュレーションや業績予測管理を行う戦略経営の核をなす部分であり、ここに全力投球します。

ＴＫＣの「継続ＭＡＳ」を活用すれば、経営者に対して次の五つの質問をするだけで、経営計画の策定が簡単に立案提供できます。

①次期の目標経常利益

②次期の売上高の対前年伸び率
③次期の目標限界利益（粗利益率）
④次期の従業員給料・賞与の対前年伸び率
⑤次期の期末人員（役員を含む）

この五つの質問による簡易な経営計画からスタートし、詳細な科目別利益計画、人材要員計画、設備投資計画、資金繰り計画等へステップアップしていくことになりますが、ここで大切なのは次の四つの対策提案です。

1　売上戦略として、その増加を図るマーケティング戦略の要因チェック
2　変動費戦略として、アウトソーシングなどによるダイレクトコスト管理
3　限界利益戦略として、各社独自の付加価値の創造
4　固定費戦略として、ローコスト経営と財務体質の強化

以上、儲かる仕組みづくりのアウトラインを見てきましたが、ここで大事なのは、所長先生が率先垂範で顧問先を訪問し、このような戦略会計の導入・提案、すなわち元気会社づくりに全力で取り組むことで、部下、職員を後姿で導く態度が事務所の経営維新に直結することでもあるのです。

そして、具体的には経営計画の策定であれば、経営者から今後の方針をじっくりと聞き、決算予測検討会と戦略経営会議を全社員を巻き込んで開催する提案をし、次いで継続ＭＡＳを活用し

て、前述の質問とそれに基づくシミュレーションを繰り返しながら、経営者の戦略性と創造性を粘り強く引き出し、目標数値を固めるとともに、具体的な行動計画の策定を全力で支援します。さらに、資金繰り改善の必要性を訴え、銀行の貸し渋りへの対策を講じるなど、真に頼れるパートナー、経営者の親身の相談相手として全力投球で情熱を込めて取り組むことです。

こうした取り組みによって、顧問先との信頼の絆がより一層深まり、職員にやる気と元気が同時に起こって事務所の活性化が進み、まさに会計事務所の経営維新の実践がここから始まるのです。

具体的利益計画、儲かる仕組み、シミュレーションプロデュース図表を紹介します。

儲かる仕組みづくり参考資料

２６年　３月期　経営計画書
自：平成25年４月１日　至：平成26年３月31日
株式会社　○○○○○

協力　税理士法人　TKCｺﾝﾋﾟｭｰﾀ会計事務所

目　次

１．経営基本方針
①経営理念（１）顧客への貢献（２）会社の発展（３）社員の幸福
②経営基本方針（１）○○○市　シェア№１
③将来の目標　（１）海外ﾏｰｹｯﾄへの進出（２）年商３億円

２．重点課題
①25年　３月期繰越課題の確認
（１）社員の原価意識の向上（限界利益規率46％確保）
（２）得意先担当者の変更（ｱﾌﾀｰｹｱの充実）
（３）新商品の学習（商品勉強会の実施）
②26年　３月期の重点課題
（１）限界利益規率47％確保（２）新規顧客の開拓
（３）社員教育と社内規定の整備
（４）商品情報の整理（売れ筋商品の把握）（５）顧客情報の整備

３．目標売上高と行動計画
①目標売上高　253,717千円（前年比　９８．２％）
②目標売上高の科目内訳
（１）製品売上高（4111）　244,225千円（前年比　９８．２％）
（２）商品売上高（4112）　　9,492千円（前年比　９８．２％）
③目標達成のための行動計画
（１）重点商品の販売（ｷｬﾝﾍﾟｰﾝの実施）
（２）販売員の教育（新入社員教育、商品学習）
（３）新市場開拓（市場調査の実施）

４．目標変動損益計算書（年次）
５．目標変動損益計算書（月次）
６．目標損益計算書（年次）
７．目標損益計算書（月次）
８．資金繰り計画表
９．予測貸借対照表
10．経営計画書（財務諸表）
11．経営計画書（経営分析表）

目標変動損益計算書

26年 3月期（平成25年 4月 1日～平成26年 3月31日）

作成：H25. 1.22(10:29)

（単位：千円）

項目			26年 3月期計画 (A)	構成比	25年 3月期予測 (B)	構成比	差額 (A-B)	対比 (A/B)	注	備考
売上高	売上高1	1	244,225	96.3	248,666	96.3	-4,441	98.2		
	売上高2	2	9,492	3.7	9,665	3.7	-173	98.2		
	売上高3	3		0.0		0.0				
	収入	4		0.0		0.0				
	値引・戻り高（△）	5		0.0		0.0				
	純売上高	6	253,717	100.0	258,331	100.0	-4,614	98.2		
変動費	期首たな卸高	7	5,423	2.1	4,789	1.9	633	113.2	*	
	商品仕入高1	8	3,436	1.4	3,215	1.2	220	106.9	*	
	商品仕入高2	9		0.0		0.0				
	商品仕入高3	10		0.0		0.0				
	仕入値引（△）	11		0.0		0.0				
	材料仕入高1	12	129,774	51.1	121,426	47.0	8,347	106.9	*	
	材料仕入高2	13		0.0		0.0				
	仕入高合計	14	133,210	52.5	124,642	48.2	8,567	106.9	*	
	外注加工費	15	314	0.1		0.0	314			
	消耗品費	16	3,582	1.4	2,481	1.0	1,100	144.4	*	
		17		0.0		0.0				
	その他変動費	18		0.0		0.0				
	月末たな卸高（△）	19	5,326	2.1	5,423	2.1	-97	98.2		
	共通原価配賦	20								
	変動費合計	21	137,203	54.1	126,489	49.0	10,713	108.5	*	
	限界利益	22	116,514	45.9	131,841	51.0	-15,327	88.4	*	
固定費	役員報酬	23	11,316	4.5	21,600	8.4	-10,284	52.4		
	給与・賞与	24	39,361	15.5	44,248	17.1	-4,887	89.0		
	福利厚生費等	25	5,983	2.4	6,143	2.4	-160	97.4		
	人件費計	26	56,660	22.3	71,991	27.9	-15,331	78.7		
	（労働分配率）	27	48.6 %		54.6 %		-6.0 %			
	販売促進費	28	14,077	5.5	10,918	4.2	3,158	128.9	*	
	事務管理諸費	29	5,789	2.3	4,491	1.7	1,297	128.9	*	
	接待交際費	30	292	0.1	226	0.1	65	128.9	*	
	旅費交通費	31	2,560	1.0	1,985	0.8	574	128.9	*	
	他の製造経費	32	2,772	1.1	2,898	1.1	-126	95.6		
	その他固定費	33	6,125	2.4	4,751	1.8	1,374	128.9	*	
	営業外損益	34	1,655	0.7	1,771	0.7	-116	93.4		
	他の固定費計	35	33,270	13.1	27,041	10.5	6,228	123.0	*	
	部門固定費計	36	89,930	35.4	99,033	38.3	-9,103	90.8		
	部門達成利益	37	26,584	10.5	32,807	12.7	-6,223	81.0	*	
	減価償却費	38	12,593	5.0	10,333	4.0	2,259	121.9	*	
	地代家賃・賃借料	39	1,930	0.8	2,147	0.8	-217	89.9		
	保険料・修繕費	40	5,479	2.2	6,035	2.3	-556	90.8		
	設備費計	41	20,002	7.9	18,516	7.2	1,485	108.0	*	
	部門貢献利益	42	6,582	2.6	14,291	5.5	-7,709	46.1	*	
	共通固定費配賦	43								
	部門貢献利益（配賦後）	44	6,582	2.6	14,291	5.5	-7,709	46.1	*	
	たな卸高増減（△）	45	-15	0.0	-21	0.0	6			
	固定費合計	46	109,947	43.3	117,571	45.5	-7,624	93.5		
	経常利益	47	6,567	2.6	14,269	5.5	-7,702	46.0	*	

（注）純売上高の「対比」を超える科目に＊印を表示しています。

税理士法人　ＴＫＣコンピュータ会計事務所

目 標 損 益 計 算 書

26年 3月期(平成25年 4月 1日～平成26年 3月31日)

1 頁

作成：H25. 1.22(10:29)

(単位：千円)

	勘定科目名		26年 3月期計画 (A)	構成比	25年 3月期予測 (B)	構成比	差額 (A-B)	対比 (A/B)	注	備考
売上高	製品売上高	4111	244,225	96.3	248,666	96.3	-4,441	98.2		
	商品売上高	4112	9,492	3.7	9,665	3.7	-173	98.2		
		4113								
		4114								
		4115								
	純売上高		253,717	100.0	258,331	100.0	-4,614	98.2		
売上原価	期首たな卸高	5111	3,549	1.4	3,159	1.2	389	112.3	*	
	商品仕入高	5211	3,436	1.4	3,215	1.2	220	106.9	*	
		5212								
		5215								
		5213								
	当期製品製造原価		178,409	70.3	170,751	66.1	7,657	104.5	*	
		5273								
	期末たな卸高	5311	3,486	1.4	3,549	1.4	-63	98.2		
	当期売上原価		181,908	71.7	173,578	67.2	8,329	104.8	*	
	売上総利益		71,809	28.3	84,753	32.8	-12,944	84.7	*	
販売費及び一般管理費		6111								
		6311	0	0.0	0	0.0	0			
		6112								
	広告宣伝費	6113	28	0.0	22	0.0	6	127.3	*	
		6114								
	発送配達費	6115	13,715	5.4	10,636	4.1	3,078	128.9	*	
	販売促進費	6116	334	0.1	259	0.1	74	128.8	*	
		6117								
		6118								
	役員報酬	6211	11,316	4.5	21,600	8.4	-10,284	52.4		
	事務員給与	6212	9,687	3.8	11,123	4.3	-1,436	87.1		
	従業員賞与	6213	5,642	2.2	6,477	2.5	-835	87.1		
	法定福利費	6312	1,849	0.7	1,970	0.8	-121	93.8		
	厚生費	6226	535	0.2	569	0.2	-34	93.9		
		6119	0	0.0	0	0.0	0			
	減価償却費	6214	1,423	0.6	751	0.3	671	189.3	*	
	地代家賃	6215	619	0.2	374	0.1	244	165.2	*	
	修繕費	6216	458	0.2	433	0.2	24	105.7	*	
	事務用消耗品費	6217	379	0.1	294	0.1	84	128.9	*	
	通信交通費	6218	2,560	1.0	1,985	0.8	574	128.9	*	
	水道光熱費	6219	0	0.0	0	0.0	0			
	租税公課	6221	659	0.3	511	0.2	147	128.8	*	
		6222								
	接待交際費	6223	292	0.1	226	0.1	65	128.9	*	
	保険料	6224	3,215	1.3	3,039	1.2	175	105.8	*	
	備品・消耗品費	6225	1,314	0.5	1,019	0.4	294	128.9	*	
	管理諸費	6227	1,989	0.8	1,542	0.6	446	128.9	*	
	会議費	6228	281	0.1	218	0.1	62	128.9	*	
	研究開発費	6229	993	0.4	769	0.3	223	129.0	*	
		6313	0	0.0	0	0.0	0			
	貸倒償却	6314	6,125	2.4	4,751	1.8	1,374	128.9	*	
	雑費	6231	174	0.1	135	0.1	38	128.8	*	
	小計		63,587	25.1	68,712	26.6	-5,125	92.5		
	営業利益（損失）		8,222	3.2	16,040	6.2	-7,818	51.3	*	
営業外収益	受取利息割引料	7111	1	0.0	2	0.0	-1	49.7	*	
		7112								
		7113								
	受取配当金	7114	2	0.0	4	0.0	-2	47.6	*	
	雑収入	7118	119	0.0	229	0.1	-110	51.8	*	
	小計		122	0.0	235	0.1	-113	51.7	*	
営業外費用	支払利息	7511	1,702	0.7	1,932	0.7	-230	88.1		
		7518								
		7512								
		7513								
	貸倒償却	7514	0	0.0	0	0.0	0			
		7515								
	雑損失	7519	75	0.0	75	0.0	0	100.0	*	
	小計		1,777	0.7	2,007	0.8	-230	88.5		
	経常利益（損失）		6,567	2.6	14,269	5.5	-7,702	46.0	*	

（注）純売上高の「対比」を超える科目に＊印を表示しています。

税理士法人　ＴＫＣコンピュータ会計事務所

目標損益計算書

26年 3月期（平成25年 4月 1日～平成26年 3月31日）　　2 頁

作成：H25. 1.22（10:29）

■当期製品製造原価の内訳　　（単位：千円）

	勘定科目名		26年 3月期計画 (A)	構成比	25年 3月期予測 (B)	構成比	差額 (A-B)	対比 (A/B)	注	備考
材料費	期首材料たな卸高	5411	2,675	1.1	2,450	0.9	224	109.2	*	
	材料仕入高	5412	129,774	51.1	121,426	47.0	8,347	106.9	*	
		5414	0	0.0	0	0.0	0			
	期末材料たな卸高	5413	2,627	1.0	2,675	1.0	-48	98.2		
	小計		129,822	51.2	121,202	46.9	8,619	107.1	*	
労務費	賃金	5431	24,032	9.5	26,647	10.3	-2,615	90.2		
	賞与	5432	0	0.0	0	0.0	0			
		5433								
	法定福利費	5434	3,030	1.2	3,032	1.2	-2	99.9	*	
	厚生費	5435	569	0.2	570	0.2	-1	99.8	*	
		5438								
	小計		27,631	10.9	30,250	11.7	-2,619	91.3		
経費	外注加工費	5441	314	0.1	0	0.0	314			
		5436								
		5437								
	電力費	5451	1,149	0.5	1,201	0.5	-52	95.6		
	ガス代	5452	620	0.2	648	0.3	-28	95.6		
	水道料	5453	362	0.1	378	0.1	-16	95.7		
	運賃	5454	0	0.0	0	0.0	0			
	減価償却費	5455	11,170	4.4	9,582	3.7	1,587	116.6	*	
	修繕費	5456	1,776	0.7	2,521	1.0	-745	70.4		
		5457								
	賃借料	5458	1,311	0.5	1,772	0.7	-461	74.0		
	保険料	5459	30	0.0	42	0.0	-12	71.4		
	消耗品費	5461	3,582	1.4	2,481	1.0	1,100	144.4	*	
		5462								
		5463								
	通信費	5464	13	0.0	13	0.0	0	99.4	*	
		5465	0	0.0	0	0.0	0			
		5466								
	雑費	5467	628	0.2	657	0.3	-29	95.6		
	小計		20,955	8.3	19,297	7.5	1,657	108.6	*	
	当期総製造費用		178,408	70.3	170,749	66.1	7,658	104.5	*	
	期首仕掛品たな卸高	5471	30	0.0	31	0.0	-1	94.0		
	期末仕掛品たな卸高	5472	29	0.0	30	0.0	-1	96.7		
	当期製品製造原価		178,409	70.3	170,751	66.1	7,657	104.5	*	

（注）純売上高の「対比」を超える科目に＊印を表示しています。

税理士法人　ＴＫＣコンピュータ会計事務所

資金繰り計画表（目標損益に基づく経常収支の確認）

26年 3月期（平成25年 4月 1日～平成26年 3月31日）

作成：H25. 1.22(10:29)

（単位：千円）

収支区分			25年 4月	25年 5月	25年 6月	25年 7月	25年 8月	25年 9月
経常収入	売上高入金	1	13,683	25,078	23,120	4,138	38,245	26,035
	営業外収入	2	10	10	10	10	10	10
	その他経常収入	3						
	経常収入（A）	4	13,693	25,088	23,130	4,148	38,255	26,045
経常支出	仕入高支払	5	5,216	9,645	13,520	-3,762	19,944	16,271
	人件費支払	6	4,726	4,726	4,726	4,726	4,726	4,726
	経費支払	7	3,324	3,324	3,324	3,324	3,324	3,324
	その他経常支出	8						
	経常支出（B）	9	13,266	17,695	21,570	4,288	27,994	24,321
	経常収支比率(A/B)	10	103.2 %	141.8 %	107.2 %	96.7 %	136.7 %	107.1 %
	過不足（A－B）	11	427	7,393	1,560	-140	10,261	1,724

収支区分			25年10月	25年11月	25年12月	26年 1月	26年 2月	26年 3月
経常収入	売上高入金	1	4,144	36,358	3,300	30,861	30,008	31,936
	営業外収入	2	10	10	10	10	10	12
	その他経常収入	3						
	経常収入（A）	4	4,154	36,368	3,310	30,871	30,018	31,948
経常支出	仕入高支払	5	3,715	26,709	-5,439	15,029	14,109	23,647
	人件費支払	6	4,726	4,726	4,726	4,726	4,726	4,723
	経費支払	7	3,324	3,324	3,324	3,324	3,324	3,297
	その他経常支出	8						
	経常支出（B）	9	11,765	34,759	2,611	23,079	22,159	31,667
	経常収支比率(A/B)	10	35.3 %	104.6 %	126.8 %	133.8 %	135.5 %	100.9 %
	過不足（A－B）	11	-7,611	1,609	699	7,792	7,859	281

税理士法人　ＴＫＣコンピュータ会計事務所

予測貸借対照表

26年 3月期(平成25年 4月 1日～平成26年 3月31日)

作成：H25. 1.22(10:29)

(単位：千円)

部	区分	項目		26年 3月期計画(A) 26年 3月現在		25年 3月期予測(B) 25年 3月現在		差額 (A-B)	対比 (A/B)	備考
資産の部	流動資産	現金預金	1	41,479	21.1	25,537	12.8	15,942	162.4	
		固定性預金	2	0	0.0	0	0.0	0		
		現金預金計	3	41,479	21.1	25,537	12.8	15,942	162.4	
		受取手形	4	10,107	5.1	10,305	5.2	-198	98.1	
		売掛金	5	15,075	7.7	15,370	7.7	-295	98.1	
		売上債権	6	25,182	12.8	25,675	12.9	-493	98.1	
		その他当座資産	7	0	0.0	0	0.0	0		
		棚卸資産	8	6,142	3.1	6,254	3.1	-112	98.2	
		短期貸付金	9	0	0.0	0	0.0	0		
		その他流動資産	10	-9,839	-5.0	-3,714	-1.9	-6,125		
		流動資産合計	11	62,964	32.1	53,752	26.9	9,212	117.1	
	固定・繰延	有形固定資産	12	124,986	63.7	137,579	68.9	-12,593	90.8	
		無形・投資等	13	8,388	4.3	8,388	4.2	0	100.0	
		繰延資産	14	0	0.0	0	0.0	0		
		固定・繰延資産計	15	133,374	67.9	145,967	73.1	-12,593	91.4	
		資産合計	16	196,338	100.0	199,719	100.0	-3,381	98.3	
負債・純資産の部	負債の部	支払手形	17	7,121	3.6	6,649	3.3	472	107.1	
		買掛金	18	16,885	8.6	15,765	7.9	1,120	107.1	
		買入債務	19	24,006	12.2	22,414	11.2	1,592	107.1	
		短期借入金	20	15,396	7.8	15,396	7.7	0	100.0	
		未払金	21	385	0.2	385	0.2	0	100.0	
		未払法人税等	22	334	0.2	4,655	2.3	-4,321	7.2	
		割引手形	23	0	0.0	0	0.0	0		
		その他流動負債	24	2,602	1.3	7,300	3.7	-4,698	35.6	
		流動負債合計	25	42,724	21.8	50,151	25.1	-7,427	85.2	
		長期借入金	26	91,760	46.7	91,760	45.9	0	100.0	
		その他固定負債	27	1,145	0.6	1,145	0.6	0	100.0	
		固定負債合計	28	92,905	47.3	92,905	46.5	0	100.0	
		負債合計	29	135,629	69.1	143,056	71.6	-7,427	94.8	
	純資産	株主資本	30	60,708	30.9	56,662	28.4	4,046	107.1	
		評価差額等新株	31	0	0.0	0	0.0	0		
		純資産合計	32	60,708	30.9	56,662	28.4	4,046	107.1	
		負債・純資産合計	33	196,338	100.0	199,719	100.0	-3,381	98.3	

税理士法人　ＴＫＣコンピュータ会計事務所

次期経営計画書(財務諸表)

26年 3月期(平成25年 4月 1日～平成26年 3月31日)

作成：H25. 1.22(10:29)

(単位：千円)

	項目	前期実績	構成比	当期予測(A)	構成比	次期計画(B)	構成比	差異(B-A)	対比(B/A)	注
貸借対照表	流動資産	35,628	18.6	53,752	26.9	62,964	32.1	9,212	117.1	*
	当座資産	27,157	14.2	51,212	25.6	66,661	34.0	15,449	130.2	*
	(現金預金)	4,951	2.6	25,537	12.8	41,479	21.1	15,942	162.4	*
	(売上債権)	22,206	11.6	25,675	12.9	25,182	12.8	-493	98.1	
	たな卸資産	5,641	3.0	6,254	3.1	6,142	3.1	-112	98.2	
	その他流動資産	2,828	1.5	-3,714	-1.9	-9,839	-5.0	-6,125	-	
	固定資産	155,486	81.4	145,967	73.1	133,374	67.9	-12,593	91.4	
	有形固定資産	147,098	77.0	137,579	68.9	124,986	63.7	-12,593	90.8	
	無形固定資産・投資	8,388	4.4	8,388	4.2	8,388	4.3	0	100.0	*
	繰延資産	0	0.0	0	0.0	0	0.0	0	-	
	総資産	191,115	100.0	199,719	100.0	196,338	100.0	-3,381	98.3	
	流動負債	44,004	23.0	50,151	25.1	42,724	21.8	-7,427	85.2	
	(買入債務)	19,594	10.3	22,414	11.2	24,006	12.2	1,592	107.1	*
	(短期借入金)	20,216	10.6	15,396	7.7	15,396	7.8	0	100.0	*
	(割引手形)	0	0.0	0	0.0	0	0.0	0	-	
	固定負債	100,063	52.4	92,905	46.5	92,905	47.3	0	100.0	*
	(長期借入金)	98,918	51.8	91,760	45.9	91,760	46.7	0	100.0	*
	純資産	47,047	24.6	56,662	28.4	60,708	30.9	4,046	107.1	*
	株主資本	47,047	24.6	56,662	28.4	60,708	30.9	4,046	107.1	*
	評価差額等新株	0	0.0	0	0.0	0	0.0	0	-	
損益計算書	純売上高	219,717	100.0	258,331	100.0	253,717	100.0	-4,614	98.2	
	売上原価	158,368	72.1	173,578	67.2	181,908	71.7	8,329	104.8	*
	売上総利益	61,349	27.9	84,753	32.8	71,809	28.3	-12,944	84.7	
	販売費・一般管理費	55,577	25.3	68,712	26.6	63,587	25.1	-5,125	92.5	
	販売費	10,654	4.8	10,918	4.2	14,077	5.5	3,158	128.9	*
	一般管理費	44,923	20.4	57,794	22.4	49,510	19.5	-8,284	85.7	
	(役員報酬)	11,316	5.2	21,600	8.4	11,316	4.5	-10,284	52.4	
	(役員外販管人件費)	17,714	8.1	20,141	7.8	17,713	7.0	-2,428	87.9	
	(減価償却費Ａ)	780	0.4	751	0.3	1,423	0.6	671	189.3	*
	営業利益	5,771	2.6	16,040	6.2	8,222	3.2	-7,818	51.3	
	営業外収益	122	0.1	235	0.1	122	0.0	-113	51.7	
	(受取利息・配当金)	7	0.0	6	0.0	3	0.0	-3	48.3	
	営業外費用	1,226	0.6	2,007	0.8	1,777	0.7	-230	88.5	
	(支払利息割引料)	1,150	0.5	1,932	0.7	1,702	0.7	-230	88.1	
	経常利益	4,668	2.1	14,269	5.5	6,567	2.6	-7,702	46.0	
	特別損益	165	0.1	0	0.0	0	0.0	0	-	
	税引前当期純利益	4,833	2.2	14,269	5.5	6,567	2.6	-7,702	46.0	
	(減価償却費計Ａ＋Ｂ)	9,686	4.4	10,333	4.0	12,593	5.0	2,259	121.9	*
売上原価内訳書	売上原価	158,368	72.1	173,578	67.2	181,908	71.7	8,329	104.8	
	商品売上原価	7,283	3.3	3,199	1.2	3,439	1.4	239	107.5	
	製品売上原価	151,084	68.8	170,378	66.0	178,469	70.3	8,090	104.7	
	材料費	105,179	47.9	121,202	46.9	129,822	51.2	8,619	107.1	
	労務費	27,631	12.6	30,250	11.7	27,631	10.9	-2,619	91.3	
	外注加工費	414	0.2	0	0.0	314	0.1	314	-	
	減価償却費Ｂ	8,905	4.1	9,582	3.7	11,170	4.4	1,587	116.6	
	その他の経費	9,743	4.4	9,715	3.8	9,471	3.7	-244	97.5	
	(△)たな卸高増減	790	0.4	371	0.1	-61	0.0	-432	-	
付加価値計算書	純売上高	219,717	211.6	258,331	196.1	253,717	217.8	-4,614	98.2	
	商品売上原価	7,283	7.0	3,199	2.4	3,439	3.0	239	107.5	
	材料費	104,632	100.8	120,938	91.8	129,866	111.5	8,928	107.4	
	外注加工費	412	0.4	0	0.0	314	0.3	314	-	
	工場消耗品費	3,563	3.4	2,475	1.9	3,583	3.1	1,107	144.7	
	加工高(粗利益)	103,825	100.0	131,717	100.0	116,514	100.0	-15,203	88.5	
	加工高(粗利益)比率(%)	47.3		51.0		45.9		-5.1	90.1	
	加工高労働生産性	8,306		10,537		9,321		-1,216	88.5	
	人件費	56,517	54.4	71,925	54.6	56,669	48.6	-15,256	78.8	
	労務費	23,907	23.0	26,589	20.2	24,040	20.6	-2,549	90.4	
	給料手当	26,645	25.7	39,200	29.8	26,645	22.9	-12,555	68.0	
	福利厚生費	5,964	5.7	6,135	4.7	5,984	5.1	-151	97.5	

(注) 総資産のすう勢比(B/A)を超える貸借対照表項目と、純売上高のすう勢比(B/A)を超える損益計算書項目に＊印を表示しています。

税理士法人　ＴＫＣコンピュータ会計事務所

次期経営計画書(経営分析表)

26年 3月期(平成25年 4月 1日～平成26年 3月31日)

作成：H25. 1.22(10:29)

(単位：千円)

分析	区分	細区分	項目	前期実績	当期予測(A)	次期計画(B)	差異(B-A)	対比(B/A)
			平均従事員数（月）(人)	12.5	12.5	12.5		100.0
収益性分析	総合		総資本営業利益率(%)	3.0	8.0	4.2	-3.8	52.5
			総資本経常利益率(%)	2.4	7.1	3.3	-3.8	46.5
			自己資本利益率(税引前)(%)	10.3	25.2	10.8	-14.4	42.9
	資本回転率		総資本回転率(回)	1.1	1.3	1.3		100.0
		回転期間	総資本(日)	317.5	282.2	282.5	0.3	100.1
			流動資産(日)	59.2	75.9	90.6	14.7	119.4
			現金・預金(日)	8.2	36.1	59.7	23.6	165.4
			売上債権(日)	36.9	36.3	36.2	-0.1	99.7
			たな卸資産(日)	9.4	8.8	8.8		100.0
			その他流動資産(日)	4.7	-5.2	-14.2	-9.0	-
			固定・繰延資産(日)	258.3	206.2	191.9	-14.3	93.1
			有形固定資産(日)	244.4	194.4	179.8	-14.6	92.5
			流動負債(日)	73.1	70.9	61.5	-9.4	86.7
			買入債務(日)	32.6	31.7	34.5	2.8	108.8
			買入債務(支払基準)(日)	61.6	65.8	64.7	-1.1	98.3
			固定負債(日)	166.2	131.3	133.7	2.4	101.8
			自己資本(日)	78.2	80.1	87.3	7.2	109.0
	売上高利益率		売上高営業利益率(%)	2.6	6.2	3.2	-3.0	51.6
			売上高経常利益率(%)	2.1	5.5	2.6	-2.9	47.3
		対売上高比率	売上総利益率(%)	27.9	32.8	28.3	-4.5	86.3
			材料費(%)	47.6	46.8	51.2	4.4	109.4
			労務費(%)	12.5	11.7	10.9	-0.8	93.2
			外注加工費(%)	0.2		0.1	0.1	-
			経費(%)	8.4	7.5	8.1	0.6	108.0
			販売費・一般管理費(%)	25.3	26.6	25.1	-1.5	94.4
			販管人件費(%)	13.2	16.2	11.4	-4.8	70.4
			営業外収益(%)	0.1	0.1		-0.1	-
			営業外費用(%)	0.6	0.8	0.7	-0.1	87.5
			支払利息割引料(%)	0.5	0.7	0.7		100.0
生産性分析			1人当り売上高(年)(千円)	17,577	20,666	20,297	-369	98.2
			加工高(粗利益)比率(%)	47.3	51.0	45.9	-5.1	90.0
			1人当り加工高(粗利益)(年)(千円)	8,306	10,537	9,321	-1,216	88.5
			1人当り人件費(年)(千円)	4,532	5,759	4,532	-1,226	78.7
			労働分配率(限界利益)(%)	54.6	54.6	48.6	-6.0	89.0
			1人当り総資本(千円)	15,289	15,977	15,707	-270	98.3
			1人当り有形固定資産(千円)	11,767	11,006	9,998	-1,007	90.8
			加工高設備生産性(%)	70.6	95.7	93.2	-2.5	97.4
			1人当り経常利益(年)(千円)	373	1,141	525	-616	46.0
安全性分析			流動比率(%)	81.0	107.2	147.4	40.2	137.5
			当座比率(%)	61.7	102.1	156.0	53.9	152.8
			預金対借入金比率(%)	4.0	8.2	8.2		100.0
			借入金対月商倍率(月)	6.5	5.0	5.1	0.1	102.0
			固定比率(%)	330.5	257.6	219.7	-37.9	85.3
			固定長期適合率(%)	105.7	97.6	86.8	-10.8	88.9
			自己資本比率(%)	24.6	28.4	30.9	2.5	108.8
			経常収支比率(%)	105.8	114.1	107.2	-6.9	94.0
			実質金利率(%)	1.0	1.8	1.6	-0.2	88.9
債務償還能力			ギアリング比率(%)	253.2	189.1	176.5	-12.6	93.3
			自己資本額(千円)	47,047	56,662	60,708	4,046	107.1
			債務償還年数(年)	7.7	4.1	5.1	1.0	124.4
			ｲﾝﾀﾚｽﾄ・ｶﾊﾞﾚｯｼﾞ・ﾚｼｵ(倍)	5.0	8.3	4.8	-3.5	57.8
			償却前営業利益(千円)	15,457	26,374	20,815	-5,559	78.9
成長性			対前年売上高比率(%)	119.0	117.6	98.2	-19.4	83.5
			経常利益増加額(千円)	-2,785	9,601	-7,702	-17,304	-
損益分岐点			損益分岐点売上高(年)(千円)	209,835	230,371	239,416	9,045	103.9
			経営安全率(%)	4.5	10.8	5.6	-5.2	51.9
			限界利益率(%)	47.2	51.0	45.9	-5.1	90.0
			固定費(年)(千円)	99,123	117,572	109,946	-7,625	93.5
			固定費増加率(%)	123.7	118.6	93.5	-25.1	78.8

税理士法人　ＴＫＣコンピュータ会計事務所

第四章

職業会計人の経営維新対談

対談

ＴＫＣ全国会設立の原点に返れ

対談者　税理士法人岡山税務会計総合研究所　会長　**松本　清**氏

ＴＫＣ全国会設立に関わる

神野　本日はＴＫＣの大先輩でおられる松本清先生に、お話しをお聞きしたいと思います。先生は国税のご出身でしたね。

松本　はい。昭和二十二年、農学校を卒業する時に村の収入役をやっていたおじのアドバイスで税務署に入りました。収入役は税務署の窓口だったということもあったと思います。

神野　そうですか。おじさんの勧めがあったのですか。

松本　大きく時代が変わる時です。昭和二十年、十五歳でしたが学徒動員で来ていた岡山で空襲に遭っています。

神野　大変な時代ですね。私は生まれたばかりです。

松本　戦後、マッカーサーの税制改革でこれまでの賦課課税——納めるものではなく、とられるもの（権力的な課税方法）――から初めて申告納税制度に変わりました。

神野　日本の税制が大変換した時ですね。

松本　この当時は失業者があふれて、どうやって生活するか、食べることにも事欠いていました。この時に生活水準が高かったのはコメやイモ、麦を作る農民だけでした。他の国民が食べられないときも生活ができた。作ったものを町で売って稼いでいました。

神野　困窮の時は、やはり食べ物が最優先ですね。

松本　私が税務署に入った時の月給は、一〇〇円です。

神野　私の初任給は八〇〇〇円でした。

松本　農家に牛がいて、メスを産むと一頭一万円から二万円。オスでも五〇〇〇円から一万円しました。

神野　月給一〇〇円の時代となれば、すごい値段ですね。

松本　当局としては農業課税をやらざるを得なくなります。戦後間もなく、共産党が初めて政治に参加するようになっており、この課税に対し徹底的に反対闘争を仕掛けてきました。農学校卒業の私は農家に詳しい。とことん共産党とやりあいました。また鳥取の農民組合が難しいということで、昭和二十六年に派遣され解決をしたこともあります。

　仕事はきちんとやっていましたが、考えてみると税法の勉強を全然していない。そこで昭和三十二年、税務大学の法人を受けて合格、三十三年に東京の高等科に入り翌年卒業しました。そして岡山に帰って八年目の昭和四十二年に恩給が付くようになり辞めることにしました。当時の月給は一万円あったかどうか。国税の幹部から「やめてもらっては困る」「とにかくいてくれないか」と言われましたが、昭和四十三年、法人税係長で退職しました。

神野　独立して新たな道を歩まれたわけですね。

松本　昭和四十三年に税理士登録をしました。昭和四十四年、仁木先生が「飯塚さんという人が岡山に来るので、話を聞きに来てくれないか」と言ってきたので講演会に行ってみました。「なかなか言うなあ」と思いながら聞いていました。また「組織を作らなければ」とはっきりと言っていました。飯塚氏の昔の本を見たら、私が飯塚氏に話をした「組織とその運営について」、述懐で書いています。

神野　先生の言葉を飯塚先生が書いているのですか。私は飯塚先生の識見にひかれてＴＫＣに入会したのが昭和四十五年です。翌四十六年に全国会ができていますから、松本先生の提案がきっかけになっていたのですね。

松本　ＴＫＣの計算センターがだいぶ実績を積んできたので、昭和四十八年につくるべきだと私が言って『ＢＡＳＴ』（『ＴＫＣ経営指導』）ができました。（注・全国会のホームページによると、昭和五十年より発行）

本来これをやるのは当時の通産省です。そこで「国民のために」通産省で組織を作るよう提案したのですが、連中は「しない」と言う。

神野　データベースの充実度からすると、どの組織もＴＫＣにかないません。それで『ＢＡＳＴ』ができたわけですね。

松本　私は国税時代に労組の立ち上げもやりましたから、組織作りと運営には自信がありました。

事務所防衛のためにまず保険指導を

神野　税理士として独立、すぐにＴＫＣ入会された大先輩にお聞きします。ＴＫＣが出来て四十五年を数えますが、今の時代、会計事務所はどうあるべきだとお考えでしょうか。

松本　これから相当困難な時代がやってきます。税理士の本来の役割を再確認して、顧問先を伸ばしていくことが、これから一番求められていると思います。

神野　そのためにも顧問先を完全防衛し、運命打開をしながら職域防衛を行わないと、顧問先が離れてしまいます。

松本　うちの顧問先は一件もやめていません。毎年増えています。

神野　会計事務所としては、まことに羨ましいことですが、なぜそれが可能なのですか。

松本　そのためにＴＫＣのシステムがあるのではないですか。

神野　しかし先生の事務所のように、うまくいっているところは少ないような気がします。

松本　そこに答えがあります。有効なシステムがあるのに使わない。それが運命の岐路になっています。顧問先の業績が上がれば顧問料を下げられるということはないし、職員は一人もやめません。

神野　うちの職員二人が、受験勉強をしたいのでやめさせてほしいと言ってきました。よくよく聞いてみると、消費税で責任をとらされるのが嫌だという考えがあることがわかりました。ＴＫＣのシステムがあるから大丈夫だと言っていますが、先生のところはどうですか。

松本　税理士が四人、全体で四〇人ですが、誰もやめません。

神野　それは自計化がなされていることが前提ですね。ところがＴＫＣ会計事務所でも三割程度しか自計化率がいっていません。記帳代行の事務所はケアレスミスの恐れがあります。

松本　自計化は絶対条件です。自計化で顧問先をちゃんと指導しておけば、ケアレスミスも何もないでしょう。

神野　その自計化をやりきれない事務所が多く、いまや存立自体が危ぶまれます。

松本　結局は職員の能力を高めるように、給料を十分に与えて、報奨金もしっかり出すことでしょう。

神野　私の体験では、記帳代行から脱皮し事務所防衛ができたのは、保険指導のおかげと思っていますが先生のところはいかがですか。

松本　保険部隊は専担者四人で作っています。担当職員は保険会社から顧問料をとらせてやっています。

神野　やはり先生のところも、企業防衛のための保険指導で自計化を進め、職員さんの給料も高くできたということですね。これを私はＴＫＣのサクセスビジネスモデルと言っています。

松本　とにかく、顧問先のためにはなにが一番大事かということを、力いっぱい、寝る間を惜しんで考える根性が必要です。うちの事務所の顧問先に医者が多いのは、どこから聞いてくるのか

「松本さんのところはいい」ということで、病医院が一〇〇件を超えています。まじめに力いっぱいやってくれる事務所だということが評価されているのだと思います。

神野　地域密着で、地域の評価が高いということですね。

「税務署も納得できる申告書を出してくれる」という評価

松本　私は顧問先を、びしっと叱ります。大事なのは「本当にあそこの事務所は私のことを思ってやってくれている」と思ってもらえるかどうかです。口先だと、顧問先は簡単に見抜きます。

神野　見抜きますね。

松本　先方が「本当にうちのためにやってくれている。だから厳しく言ってくれている」ということをわかってくれる。ちゃらちゃら金儲けのためにやっていたらすぐにばれます。

神野　そこが、やはり「ならぬものはならぬ」という武士道ですね。

松本　結局は税理士の人間勝負、人間とは何か、生き方の問題が問われます。

神野　その通りですね。そこが私も重要なポイントだと考えています。それがわからない会計事務所が多いのが現実です。やはり、先生がおっしゃるように相手のことを厳しく叱り、指導し、徹底して顧問先を守るという姿勢こそ必要だと思います。そのためにも書面添付つき電子申告はやらなければなりませんね。

松本　そうです。うちの申告は税務署の調査があっても、税理士法三三条の二を付けているので、

「これを見ておかしかったら調査に来い」と担当官に言います。

神野　先生の事務所は申告是認率が九九・九九％までいっているのではないですか。

松本　ほとんど是認です。事業所得については一〇〇％です。ときどき個人の雑所得や株式の配当が漏れたりすることはありますが、かすり傷程度です。私は調査官に「何のために来た。決算書を見てどういうふうに思った」と言います。

神野　書面添付をしている仲間の税理士が、税務調査に来た調査官に同じようなことを言ったそうです。しかしその後、何も言ってこない。やはり、こちらの堂々たる態度が大事ですね。

松本　そうでない税理士は「役所のちょうちん持ちはしたくない」「税務署の『書面添付なら意見聴取でいいですよ』という、うまい言葉には乗らない」と考える。

神野　書面添付で「責任をとらされるからやらない」と言います。

松本　違うでしょ。責任をとるためにやるのです。

神野　そういう人をどのように説得すればいいのでしょうか。

松本　先ほども話をした人間の問題です。彼らは、本当に性根の入った仕事をしていない。税理士の本来の業務を理解しようとしない。

神野　私もそう思って、「責任をとらない仕事はこの世にあるでしょうか」と聞き返します。すると黙ってしまいます。

松本　自分と職員を含めて、しゃんとした仕事をしていると調査官に言うべきことを言えます。

神野　自信というか「信なかずんば立たず」の実践ですね。

松本　うちにすれば仕事に対する誇りと自信、先方にすれば「松本のところに頼めばがっちり見てくれる」ということです。

神野　地域密着で一番大事なのは、「あそこに頼めばしっかりやってくれる」「税務署も納得できる申告書を出してくれる」という評価ですね。

松本　顧問先でパチンコ屋が多いですが、税務調査で何も出たことはないですよ。去年も、東京と福岡に店を出した顧問先で、東京と福岡の国税が調査に来ました。社長に「私が言うようにがっちりやっていたら是認だ」と言うと、「先生の言うとおり絶対間違いがないようにがっちりやっています」と大きな声で言います。調査官に「本人がこういうふうに言っているので、何かあったらわしに言ってこい」と言ったら何もありませんでした。

巡回監査と電子申告を徹底しない税理士は税理士として認めない

神野　税理士は税理士法により無償独占を与えられています。使命条項である所得の計算と正しい申告をするというのは当たり前ですが、非常に重要ですね。

松本　調査官には「松本の事務所の顧問先には、叱られるのでいきたくない」と言われているそうですが、使命条項をきちんと果たしているからできることです。私は「何もなかったら署長を叱れ、何かあったらわしを叱れ」と言っているだけなのですが。

神野　使命条項の中で正しい申告、それも電子申告をするという方向で国税がどんどん進めようとしていますが、国税の電子申告がスタンダードとは未だなっていない状況です。

松本 うちは一〇〇%電子申告です。

神野 やればできるはずなのに、なぜやらないのでしょう。できないからじゃないでしょうか。

松本 できないのではなく、やらないからです。

神野 税理士が電子申告をしないと、国税当局は非税理士の方々にも電子申告に協力してもらうようになるという話があります。その話を聞き、私は電子申告を推し進めましたが、無償独占がなくなる可能性もあります。無償独占について先生はどう思われますか。

松本 「この事務所に頼まなければならない」という信頼、信用がない限り、何を作ってもダメでしょうね。

神野 電子申告も書面添付もやらない税理士は、無償独占があるからやらないという考えにはなりませんか。

松本 電子申告はやるべきで、当局がさせればいいのです。国費の無駄を下げるためです。

神野 電子申告をしない会計事務所は、外圧で無償独占がなくなり保護されなくなるか、会計人が怠慢で顧問先から見捨てられるのか。どちらかだと思います。

松本 税務当局も、巡回監査と電子申告を徹底しない税理士は税理士として認めないということにすればいいのです。

神野 そうなれば、電子申告も書面添付もやらない税理士は税理士の業務から外されることになりますね。

松本　うちは、電子申告を書面添付で全部やっています。私は「まじめにやれ。頑張れよ」とトップと話をして相談だけを受けています。

神野　平成二十五年の三月には金融円滑化法が終了になり、書き換えは認めない、条件変更は認めないということになっています。バブル崩壊後、利息だけ払ってきた中小企業は全部回収、財産没収だそうです。我々の職域である中小零細企業が倒産のふちに立つと思われます。

松本　うちは銀行とがっちりした関係で、各支店長とも付き合いがあります。「松本先生の顧問先だったら問題がない」と言ってくれます。金融で困ったことはありません。

神野　地域を守るには、金融機関を強力な味方にしないと難しいですね。

松本　それができるTKC会員として、企業経営者を引っ張っていけということです。できないならTKCをやめなさいということです。

神野　そこまで言わないと、職域防衛、運命打開という言葉が死語になります。

松本　いい恰好はせずに、しゃんと仕事をやっていればいいのです。

デフレ脱却のポイントは安売りをしないこと

神野　デフレ不況の本番を迎えていま赤字会社が七五％から八〇％になり、倒産顧問先が続出すると言われています。債権者から、「会計事務所は何をやっていたんだ」と不作為の罪を問われるのではないかと思います。

松本　はっきりと責任を問われるべきです。

神野　飯塚先生は「税理士は指導者たれ」と言っていました。赤字会社を放置する税理士はビジネスドクターとしての役割を果たしていません。それどころか「顧問先が赤字になったので税務調査はない。税金の申告も楽」と自慢する人がいます。私が「その会社はあなたに顧問料を払う義務はないのでは」と言うと「顧問料は顧問料だ」と言います。

松本　それは危ない。裏になにかある。

神野　税務調査が入ったら赤字会社が黒字になりました。未払い経費と買掛金の未計上があるので、全部これで相殺してくださいという処理をしていたのです。税務調査で発覚、統括官と署長がその報告を聞いて全部調査しろということになり、全部やられてしまったそうです。

松本　税務署の調査官より私の方が厳しいですよ。

神野　そこですね、重要なことは。税理士がどういう気持ちで業務にあたっているか。粉飾を認めるような税理士は資格剥奪。そうでなくてもクラウド会計と新会計基準、消費増税と金融円滑化法廃止で倒産続出の危機的状態にあります。飯塚先生が四十年前に叫んでいた集団死滅が、いま現実になりつつある気がします。岡山では地方経済が疲弊しているというような状況ではないですか。

松本　景気は良くないですが、極端にいい時代もなかったので比較的しっかりしています。問題は、中にはどうしようもない業種もあることです。開業した四十五年前には呉服屋が四十件ありましたが、いまは一件も残っていません。酒の小売、飲食店もあらかたなくなりました。これは時代の流れですね。これだけ、スーパーが安売りするわけですからついていけない。これから商売をどうするかということを考えてやらなければならないのです。

神野　昨日、経営者漁火会という会合で会長が「デフレ時代を脱却するポイントは安売りをしてはならない」と言っていました。我々の業界でも一万円、五〇〇〇円、二〇〇〇円でやりますという動きが出ていますが、どう思われますか。

松本　税理士が安売りに走ると業界全体がだめになりますよ。

神野　我々の業界でも安売りをする人が数人います。「業界をつぶす気か」と直談判しようかと思っています。

松本　これからどのように事業を展開するか、勉強して顧問先に教えてやろうと思っています。

神野　変化を先取りし、変化をチャンスにする。ニーズがなければどうやって売り場からニーズ、ウォンツの買い場を見つけ出すか。ここがポイントだと思いますが……

松本　スーパーでも、私は税理士を始めた時代に何件も作らせました。みんな大きくなりましたが。

神野　インターネット社会におけるお客様満足度の高い商売はどういうことになるでしょう。

松本　いま考えているところで、住宅やマンションは建っていますが、また倒産しますよ。人口がこれから増えるわけじゃないですから。

自己探求を徹底しＴＫＣの原点回帰を

神野　飯塚先生が存命されていたら、我々にいま何を言ったと思いますか。またＴＫＣの会員は社会的使命、役割を本当に果たしているのでしょうか。

松本　我々が組織を作ったのは、本当の税法のあり方を求めたことにあります。税理士として真面目に力いっぱい本来業務を果たして税金を納める。その結果として当然、国が本当に真面目に集めた税金を使っているかという問題が出てきます。それをチェックする。そこで、がっちりやった数字を出して企業の実態を国税当局に知らせる。ということで私が提案した『ＢＡＳＴ』が昭和五十年にできました。

　そういう大きな目標と使命を感じて通産省と総務庁に飯塚会長と行ったのですが、「我々はできません」ということで、ＴＫＣでやることになったのです。

神野　ＴＫＣがこれだけのデータを持って、二十万社の実態がわかるということは、最高の説得力のあるデータだと思います。これをもって国をノックする。それが組織作りの大きな目標の一つだったわけですね。それをしてこなかったのは、我々の大きな反省点ですね。

松本　この間、岡山県の県北で作州会という組織を作りました。何百人か参加して非常に優秀な人間もいて、平沼赳夫氏が会長です。

神野　飯塚先生は、職業会計人は中小企業の指導者であり、同時に国をノックすると言っていました。これをやっていない税理士が多いのは、なぜでしょうか。

松本　はっきり言って、気合が足りないからです。ＴＫＣを組織した意味を理解していない。

神野　飯塚先生は、指導者足り得るかを問う時、何が大事かというと情熱だと言っておられました。その情熱が欠けているのですね。

松本　その情熱とは地方を思い、国を思うことであって、己の欲を追う情熱ではありません。

神野　利他の実践ですね。それにしても利他即自利、自他無二という伝教大師の教えがＴＫＣの会員の先生方に浸透していない現状をどう見られますか。

松本　食えたからでしょう。「松本先生よろしく頼みます。教えてください」という人は一人も来ません。おそらく煙たいのでしょう。

神野　自分たちができないことをやっているからですよ。ＴＫＣ会員に本当のことを言ってくれる人がいない。

松本　正しいことを言っているのに、嫌われてしまう。発言には勇気がいります。

神野　飯塚先生の理念は、自己探求の言葉から出ていると思います。「人生は情熱だよ」「汝が信、不朽のゆえに今日葛藤す」、「自己限定の打破」「信なからずば立たず」……そこから生まれる情熱がないと、書面添付も電子申告もやろうという気にならないということですね。ＴＫＣは、国家を支える集団になっているのでしょうか。

松本　まだまだ私等が目指した組織からは遠く離れていますね。人物を探さなければいけない。

神野　飯塚先生は、先見力と洞察力が職業会計人のリーダーとしての条件だと言われました。学問的研究があり、先見力もある人物がいま存在しないというわけですね。

松本　ＴＫＣの原点回帰を本気で考え実践することです。これから組織を担う若い人たちにしっかりやってもらいたいと心から思っています。

神野　税理士自らの生き方が問われているということですね。ありがとうございました。

（平成二十四年十一月十八日取材）

対談

税理士の本来業務に徹することが経営維新

対談者　税理士法人中央総合会計事務所　所長　**中込　重秋氏**

退路を遮断され税理士の道へ

神野　私が一番心配しているのは、ＴＫＣ会員会計事務所が果たして今後どういう道を歩めばいいのかということです。そこそこやっていた事務所が、例えば月五十万円の家賃が五人なら十万円で済むという考えで、二人、三人、五人と一緒になって税理士法人を作っています。税理士法人と格好をつけていますが、中身はオフィスレスというのが実態だと思います。

中込　こちらはまだそこまで来ていませんが、傾向としてはあります。ますます進むと思います。

神野　そうした危機感を感じて十年前に拙書『ＴＫＣ会計人の経営維新』を出しましたが、もう間に合わない。伝票レス、ペーパーレス、そしてオフィスレス、ライフレス、ご臨終ですかね（笑い）。

中込　あり得ますね。

神野　そこで、我々は職業会計人としてどのように生きていくかということで、まず中込先生の過去、現在、これからということでお聞きしたいと思います。

中込　私が職業会計人になったきっかけは、私が通っていた商業高校の先生が、税理士という道があるよと教えてくれたことです。高校では一年の時に全商の簿記の一級までとって、国家公務員の試験も楽勝で合格したのですが、面接で落とされました。

神野　珍しいですね。

中込　いや、珍しくないんです。自分は知らなかったのですが、うちは北海道の共産党部落の農家でしたからね。それで先生に相談したわけですが、家も倒産していましたので、本当は大学に行くという選択肢はありませんでした。先生から「税理士の道もある」と聞き、最短で受験資格をとるにはどうしたらいいかということで日商簿記一級を取得し、二十歳で大学を卒業する時点で税理士試験は合格していました。実務経験がなかったのでその後二年間修業し、二十三歳で登録しました。その後は税理士一筋です。

神野　私は二十三歳で合格して二十四歳で開業しました。実家が下駄屋で斜陽産業でしたので、十八歳の時から会計事務所に勤務して中央大学の夜学に通っていました。

中込　私は修学旅行もいかず駅弁売りで小遣いをため、お袋は学生服と布団を送ってくれ親父はなけなしの金を一万円ずつずっと送ってくれました。両親がものすごく大変だったと思います。

神野　そうした生い立ちを聞くと胸が熱くなります。

中込　私は家の倒産、国家公務員に落ちたことで退路が遮断され、これでやるしかないという覚悟が決まりました。それからの勉強ですから、半端な勉強ではありません。

地域密着そして東京、福岡を拠点にアジアへ

神野　相当の努力をされたのですね。現在、中央会計事務所は何人くらいですか。

中込　約七十人です。大きくすることより、深掘りして地域にうんと密着する戦略をとりました。

神野　地域密着型の最先端を行ったわけですね。それが成功の秘訣ですね。

中込　東京・新宿、熊本、そしてここ長崎、来年には福岡で場所も決まっています。今後は基本的に福岡を軸に動くことになると思います。

神野　九州を軸にして。

中込　いえ、アジアを軸にしていく考えです。東京は特徴のある事務所で先輩が亡くなった事務所をそのまま引き継いだのですが、三井不動産系の仕事を一手に引き受けてきたので不動産関係に非常に強い特徴を持ちます。たまたま、経営力強化支援の指定機関認定を受け、関東産業局が力を入れてくれ、すでに顧問先を二件受託しています。朝日信用金庫、信用組合の第一号ということでお客さんの方も積極的に対応してくれていますし、機関も積極的に対応してくれています。金融機関と一体になった展開で、他の会計事務所とは違った動きができているかと思います。東京は非常に面白いですね。

神野　中込先生のような方に東京で活躍いただくと、東京も活気づきますよ。

中込　人と同じことをやるのはだめで、九割に入らないで一割の人間になることです。本質を外さない一割です。九割は価格競争の世界に入り、どっちみち淘汰されます。他の人ができないこと、他の人にできるとしてもうんと深掘りして真似ができないところまで持っていけばいいのですから。

神野　完全な差別化戦略ですね。

中込　東京はいくらでもお客さんがいて、いくらでも仕事があるわけですから。これくらい楽しい仕事がないというのは東京ですよ。

神野　私もそう感じています。先生の現在と展望がだいたい見えましたが、やはり全国展開ではなく福岡を中心にアジアをにらむと。まだアジアの拠点は作ってはいないんですね。

中込　まず、足元を固めることが先だと考えています。

神野　どの辺をアジアの展開の場面として考えていますか。

中込　中国よりもベトナム、ミャンマー、インドあたりまでのエリアを考えています。中国は非常に危ないので、お客さんも何度も出ていきましたが文化が違いすぎます。まだ、資本主義経済が根付いておらず未熟です。

神野　資本主義なのか共産主義なのか、折衷主義なのか。はっきりしない国ですね。

中込　正直言うと、ビジネスの世界で裏切ることを平気でやります。契約の根本がわかっておらず、人間的な信頼関係は作れるかもしれませんが、契約の世界が中国はダメですね。

神野　私も体験しましたが、本当に人に対する信頼、感謝、侘びというものがないですね。

中込　今の中国は領収書はいくらでも切り、契約書も交わします。領収書はただ揃えればいい、契約書も作ればいいという世界で、物は売れるのですがお金を回収できません。

神野　それでは事業をやっている意味がないですよね。中国を除いたアジア、インドやシンガポールはいいですね。

中込　意外かもしれませんがフィリピンも捨てたものではありません。

神野　日本びいきで信頼がものすごく厚いですね。

中込　おっしゃる通りです。タイ、ミャンマーもすごくいいですね。

記帳代行の会計事務所は不要となる

神野　現在、職業会計人を取り巻く環境は、やはり危機的状況だと思うのですが、そのあたりの認識はいかがですか。

中込　まったくその通りです。

神野　その状況に対する対応をお聞きしたい。

中込　非常に簡単です。危機という感覚は私はありません。むしろ非常に夢のある仕事になったと思っています。税務申告や記帳という世界で、間違いなく会計人は役割を果たしてきました。しかしそのニーズはもうありません。というより薄くなりました。それにしがみついている限りは、おそらく危機でしょうね。いまの七万人、三万弱の事務所が三分の一から五分の一に、ひょっとすると十分の一になり、全国三千事務所が要所を押さえてしまうんじゃないかとみています。長崎は二五〇事務所ですから二十件の事務所が押さえていくことになると思います。二十件で十分だと思います。税務申告、記帳代行にしがみついている限りは、先細りしていくのが当たり前です。人口は減り、経済が縮小し、事業者数がピーク時には六五〇万あったのが、いま三〇〇万を切ろうとしています。私は中小・零細、個人も含め二〇〇万件時代になると思います。

神野　そこまで減りますか。

中込　日本の人口が八〇〇〇万人になったときは、事業者数は二〇〇万件を切っていると思います。

神野　国家としての体をなさなくなるんじゃないですか。

中込　いいえ、そんなことはありません。バランスですから。儲かることが経済ではなく、国民が食っていける状態を作れればいいわけです。日本の一番の財産は水と空気、自然です。これだけ国土があるわけですから、人口が縮小すれば自給率九〇％から九五％は確保できます。意識転換すればいいわけで、企業がこれほど多く存在する必要はありません。企業者数はいまの三分の一程度で十分で、私たちのお客さんも監査法人のお客さんも大幅に減少します。監査法人の仕事もどんどん先細りしていきます。記帳代行も税務申告もどんどん減ります。ところが、新しい人の起業を支援する役割を誰が果たすか、そこが我々の仕事だとすれば仕事はいくらでもあります。

神野　そういう意味では、我々の時代が来るということになりますが、もう少し突っ込ませてください。業界ではクラウド会計は味方である、これを活用することで将来が開ける。ただし業界は現在の十分の一でも間に合うということになり、間違いなく記帳代行型会計事務所はなくなるということですね。

中込　力のあるところに全部収斂されていきます。私は記帳代行の分野には企業が進出し、月三〇〇〇円、五〇〇〇円という世界で、大量に処理する時代になると思います。会計事務所と競合する時には、圧倒的な資本力、規模で出てくると思います。

神野　記帳代行計算会社ということですね。我々会計事務所はその轍を踏まない、自然淘汰されないようないい仕事、彼らにできない仕事をやるということでしょうね。

中込　途中で口を挟んで申し訳なかったのですが、いま、神野先生は非常に大事なことを言われました。タブレット革命が起きます。いま、通販業界でも同様ですが、相当な田舎の過疎地域、一人暮らしの人たちがずいぶん増えています。これをどうするかというと、流通革命で可能になります。アマゾンなどは送料無しで、日本全国津々浦々即日配達で、注文はタブレットで受けます。画面を起こしてボタンを押して注文する。どんな田舎でも対応します。実はこれと同じことが会計事務所でも起こります。タブレットで記帳代行が全部できるようになり、三〇〇〇円、五〇〇〇円で、どんな田舎であろうがネットで結んでしまえば、会計事務所が不要になります。

神野　安売りしても、最後は自分自身が要らなくなるということですね。

中込　確定申告も非常に簡素化していき、会計事務所がいらない世界が五年後、十年後には実現するとみています。これはクラウドの世界が前提となり、タブレットで記帳も相談もできることになれば、会計事務所の仕事は一体何かということになります。

根っこにあるのは経営者支援業務

神野　我々会計事務所の仕事は作業労働ではなく頭脳労働であると考えており、頭脳労働の部分しか残らないと思います。私は平成元年の消費税導入時にそこに気が付き、「作業労働はやめよう」と考え自計化を進めました。今はクラウドが出てきて、記帳代行をやらない時代が来てどうなるのかと考えていた世界がわかりました。

中込　結局、最終的な会計事務所の役割はデジタルからアナログに戻るはずです。すなわち、会計事務所は経営者の一番身近なパートナーであるという状態に持って行かなければならない。

神野　アナログ、いいですね。私たちはヒューマン・コミュニケーションズ業と言っています。

中込　そうなんです。社長の悩みや話を聞く。または、社長がやりたい夢をサポートしていく。サポート業です。

神野　僕は寄り添いサムライ業だといっています。

中込　その通りです。

神野　中込先生とお話しして意を強くしましたが、十年後にはそういう世界になっているのでしょうね。

中込　テクニカルな話ではなくて、ヒューマンネットワークが重要だと思います。より経営者に寄り添う形に特化する。そうすると、いくらでも仕事はあるはずです。そのためには経営者の思いを実現するための情報、横ネットを作らなければなりません。先ほどのアジアに出る話でも、私は苦手でも得意な人と手を組めばいい。

神野　横の連携プレーで、ヒューマンネットワークをどう組むかですね。

中込　今度の経営革新でも支援機関同士のネットワークを作りなさいと産業局が言っています。これは、すごく斬新なことです。

神野　私も東京で一番大きい信用金庫とネットワークを組んでいますが、六〇支店あるので事業再生や相続などいろんな案件が出ています。それを弁護士や司法書士などの専門家を巻き込んでいかにサービスを提供するかがポイントになっています。

中込　それが、これからの税理士の仕事なのです。根っこにあるのは経営者の支援業務であり、これがあるからネットワークが生きてきます。

ＴＰＰは日本の中小企業を操り税理士の仕事を奪うことにもなる

神野　先生は素晴らしく先を読んでおられますが、税理士が記帳代行しかやらないなら、経営指導できる人を養成して資格を与えて、税理士の無償独占をなくそうという動きがあります……

中込　韓国がアメリカからＴＰＰで言われてやった形と同じですね。アメリカが税理士に代わるべきものを送り込んできますよ。

神野　大武先生に、会長就任のお願いに行った時、「いまのままＴＫＣが書面添付も電子申告もやらないでいると、無償独占がなくなりますよ」と言われました。ＴＫＣは先頭切って電子申告体制づくりに取り組んでいますが、いまだに三割水準で七割がやっていません。やはり、無償独占の廃止に向かうのではないかと心配しています。

中込　韓国がいま、右往左往しています。その業界が門戸を開かなかったからアメリカが代わるべき制度を作ってしまいました。多分、税理士という制度の中では無償独占とされたとしても、税務をできる制度をもう一つ作るはずです。

神野　政府にものすごく圧力がかかることを、大武先生も心配して我々に警鐘乱打していました。桜庭先生が、「必ず会計の専門家が出てきて確定決算はあるとしても、その人たちに全部やらせる制度ができるので、無償独占はなくなりますよ」と全国で話をしています。

中込　根っこはＴＰＰですね。もともと、狙いはそこなのです。国体を守るかどうかという話で、税という根幹を守るのは確定決算主義で税理士です。それを明け渡してしまうのかどうか、外国に最も大事な部分を渡してしまうかという戦いです。あらゆるからめ手を使って日本にやらせようとする、日本の財政の中に手を突っ込んでいるような話です。本当の狙いは財政なのですが、日本の企業を自由に操ろうという戦略もあるかもしれないくらいです。日本を守る、中小企業を税理士が守るという考え方をきちんと持っていなければなりません。すなわち、日本を守るという考えが税理士にない限り無理です。

神野　その通りですね。我々は国家の担い手であり支え人なのですから、国を守るという税理士でなければ意味がありません。ただ現実、税理士が記帳代行の中にあるなら、事務屋、決算屋、申告屋に特化してやったらいいじゃないかというレベルの仕事に変えられることも考えられます。

中込　それはどうでしょうか。

神野　アメリカの戦略にＴＰＰを通じて、戦略に乗ってしまったら本当にみじめな業界になってしまうと思います。

中込　いまの中小企業が本当に成り立たなくなってくる。ドラスティックな現状に中小企業が本当に耐えきれるかどうか。私は、税理士がアメリカの下請けになっていく可能性があるのではないか、または廃業するか、どちらかになるとみています。

神野　アメリカの下請けという言葉で思い出しましたのが、例の時価会計、ＩＦＲＳの会計を浸透させようとしています。時価会計でやったら日本のいい会社が全部Ｍ＆Ａされてしまいます。同時に、時価会計だったらみんな赤字になってしまい、金融がつかなくなる。会社も信用がなくなります。こんな会計制度を導入して何が得策なのか。国家を守れなくなってしまいます。いまでさえ七〇％赤字なのに。

中込　ＩＦＲＳのもともとの目的は株主であり、経営者の育成という考え方ではありません。

神野　株主優遇、かつ中小企業無視ですね。

中込　結局、中小企業はそんな中では育たないですよ。いま日本がやろうとしている強化法の流れとまったく違う方向に向かっています。私は強化法が評価できると思うのは、強化法の元が会計要領だからです。これは時価会計の良しあしというより、私たちは株主云々ということは必要ありません。

神野　譲渡を目的として株式会社を作っていませんからね。

中込　そういうことです。

神野　中小企業に時価会計を強制する必然性はなく、株主優遇の上場企業だけに適用すればいいのです。時価会計をやらせることで、株価が限りなくゼロに近くなり、そこを買収してしまおうという戦略が見え見えです。アメリカの言いなりになって、固定資産の時価が下がったら評価損を出しなさい、棚卸資産を減損しなさい、引当金をしっかり立てなさいということでは、日本の企業という企業は全部赤字になって、全部ただで買われてしまいます。税務会計は取得原価主義であって、会計理論に従ってやっており、ゴーイングコンサーンが前提です。

中込　たとえば、国際社会に出ようという企業であったら別です。

神野　そういう場で丁々発止とやろうという会社なら国際会計を基準とすべきです。しかし、日本の国でやる限りは税務会計と同様、企業会計も取得原価主義で行うべきです。

国を守る、中小企業を守る税理士たれ

神野　無償独占の法改正の危機は、あるようでないと思っていいと思われますか。

中込　無償独占については、私は国体に考え方を置くならば、守らなければなりません。ただ、税金に関連する資格者が誰か、複数の資格を作るというテクニカルな議論では、いろいろあって

いいでしょう。私の考え方は、国を守る、中小企業を守るという立場からすると、無償独占は堅持しなければなりません。だから、我々がもっと質を高める必要があります。

神野　質を高めると同時に、大武先生が「書面添付電子申告にどこまで税理士が真剣に取り組むかが決め手ですよ」と言われましたが、その通りですね。

中込　その通りです。国家論なのです。

神野　税務署の下請けになりたくないとか、責任をとらされるから嫌だとかいう税理士もいますが、責任をとるからやるのです。やってなかったら、逆に責任をとらされます。適時処理、真実性の裏付けを書面添付でちゃんとやり、月次で補っていれば、我々は不作為の罪に落ちないはずです。飯塚事件がなぜ無傷で通ったかというのも、やはり書面添付をきっちりやっていたからです。顧問先を守り、職員を守るための手段として書面添付があると言っていました。顧問先を守るという発想のない税理士は、はっきり言って今後は役に立たないということです。

中込　なぜ顧問先を守るかということを明確にする必要がありますが、必要な減価償却をやらなかったり、引当金で調整したりすることで、お客さんの要望に合わせて適当に作る決算書を書面添付で出すのは問題です。根本は会計がきちんとしており、減価償却をきちんとやる、赤字は赤字で出す、債務超過でもいい。しかし、大事なのは、これをどう解消するかという対策案を経営者と作らないから出せないわけです。経審があるから、銀行に対して赤字なのに無理して黒字を出そうとする決算書はダメです。もともとの考え方がダメなのです。書面添付はそういうことは許さない。

神野　顧問先を守るということは、完全に責任を持つ仕事をするということで、顧問先を守るための決算、申告をしなければならない。税務署のちょうちん持ちなどという発言は、何を血迷っているのかと思わされます。赤字会社が八〇％になろうとしている現実、なぜ赤字のまま放置しているのかというところに帰着します。

中込　そうです。

神野　税理士法第一条の使命条項は、所得の計算と適正な申告を、税理士の二つの大きな使命であるとしています。所得の計算は、すなわち黒字会社作りであり、その結果、書面添付に有効な情報が提供され、税務の申告もきちっとできるわけですね。

中込　経営者は経営してくれ、と私は言いたいですね。支援し、叱咤激励し、時には叱りつける。そこまでいかないとダメですよ。

神野　飯塚先生は「顧問先を己自身だと思えますか、己自身だと思えれば叱る態度がとれるでしょう」と言われました。

中込　その態度をとらなければいけません。

神野　その叱りつける態度がとれないのは御用聞きスタイルだと。町医者の態度ではなく商売人根性が先に出るから、叱る態度がとれません。

中込　もっと言うと、経営者を叱るより、税務署を叱り飛ばさなきゃ。

神野　松本清先生と先日議論しました。松本先生は「何のために税務署が来た」「意見聴取で足りなかったらいつでも来い。意見聴取をなんでやらないんだ」ときつく言うそうです。

中込　私も一度意見聴取がなかった時に、ものすごく怒ったことがあります。統括は真面目な方でその方に対してどうこうではありませんが、私たちは意見聴取という立派な制度があるのになぜそれを守らないのか。

神野　国税当局も守るように通達を出しています。私も一度、税務調査に来た担当官が「税務調査なんですけど」と言うので「何のために来たんだ。書面添付が出ているだろう」と言いました。「なぜ意見聴取をやらないで会社に直接行くんだ。お互いに恥をかくのはやめようじゃないか」と言いました。

中込　いままで税務署は非常に丁寧で態度がいいです。ちゃんと調査目的を明確にし、そこで疑問点をほとんど解決して、それでも現場をどうしても見たいというのなら「それはどうぞ」というだけの話です。

経営力支援強化法は後継者育成をも含む

神野　平成二十五年三月、金融円滑化法の廃止があります。そして、中小企業経営力強化支援法ができました。これに我々はどういう理解で取り組んでいけばいいのか。説明会に行きましたが、質問の八割、九割は「私たちにもできるんでしょうか」というものでした。これは危ないなと思いました。

中込　会計事務所の決算書が信用され、会計事務所と銀行がタイアップしてお客さんを助けていく。支援機関同士の連携です。これがものすごい勢いで進んでいます。

神野　ある信用金庫の理事長から「皆さんが全面的に我々の経営力強化支援法で、継続ＭＡＳ、書面添付つき電子申告をやっているところは無制限に融資案件で協力します」と言ってもらっています。

中込　会計事務所の仕事は何かというと、これをやっているとすぐ出てきます。まず一つはモニタリングで、四半期決算ができるかどうか。月次巡回監査、月次決算が明確にできるかどうかが一つで、経営者が経営を明確に語れるかどうかという指導が欠かせません。

神野　これをやり続けると、我々は経営戦略会議で経営者にわが社はどうするかと経営を語ってもらいます。やはり、同じことをやっていますね。

中込　会計事務所は四半期決算状態を作るわけですが、公益認定を受けた公益法人は四半期決算をして、理事会に報告しなければならない。社会福祉法人は新会計になると法人会計に変わります。全体の法人運営について、理事長および役職者は理事会に会務運営を四半期ごとに報告しなければならない。一般の企業は、強化法によれば、モニタリングを受けたら四半期ごとにその報告を銀行にしなければならない。それを会計事務所ができるかということですが、できるかどうかは関係ありません。やるしかないわけで、やれない事務所は「どうぞお引き取りください。申請を取り下げてください」ということになります。

神野　やれる事務所が生き残るというわけですね。

中込　これが、会計事務所の数が五分の一、十分の一になるという根拠です。

神野　会計事務所という仕事が生き残るのは、その姿がないとだめだということですね。

中込　そうです。私が我々の仕事が夢みたいな仕事だというのはここです。事務所の総力を挙げていまやっています。

神野　私はあるコンサルタントが、「先生、そう言っても会計事務所ではなかなかそこまでできませんよ」というので、「一過性のコンサルタントと違う、会計事務所だからできるんだ。我々は継続性なんだよ」と反論しました。

中込　巡回監査ですね。

神野　巡回監査を前提としてやります。

中込　コンサルタントに四半期決算ができますか。

神野　絶対できませんよ。自分ができないものだから、会計事務所にもできないと思い込んでいるのです。

中込　月次巡回監査をやらないで、四半期決算ができるわけがありません。

神野　我々会計事務所の時代が来たとつくづく思いますね。

中込　この経営力強化支援法を侮ってはいけません。

神野　対応しない会計事務所は、大量な顧問先離れが始まるということですね。

中込　その可能性があるということです。

神野　顧問先が銀行に行き、役所に行き、「なぜ、会計事務所にやってもらわないんですか」と言われる。「会計事務所にそういうことできるの」ということになり、「先生、なんでやってくれないの」と顧問先に聞かれ「うちはできないんです」となれば、顧問先が離れることになると思います。

中込　認定は取れますが、二年後、三年後は問題です。経営力強化支援法になるとモラトリアムの金融円滑化法から正常化することになりますが、問題はこれまで会計事務所がやるべきことをやってこなかったことです。今後対応できなければ、「あなたは税理士の看板を下ろしなさい」ということになるかもしれません。金融円滑化法自体は意義があったと思います。しかし、農家に補助金を配ったのと同じで、農家を育成し後継者を育成することをしていませんでした。これをいまやりなさいというのが強化支援法です。

神野　そうですね。とにかく、我々は後継者育成まで経営者に対する責任があると。

中込　もっと言いますと、あなたは会計事務所として存在価値があるんですかと聞かれるのが、支援強化法の仕事です。

「経営者は会計事務所に責任転嫁するよ」

神野　もう一つは、消費増税です。三段階の消費増税となると自計化が前提になると思います。しかし、自計化していない事務所が七割もあります。そこで一番危機感を持つのは職員です。三段階の税率を記帳代行で対応できないと感じた職員は、将来を心配し会計事務所を辞めると思います。我々の業界から職員離れが始まるきっかけになりかねません。

中込　消費税の怖さというのは年一決算というのが第一にあり、会計事務所に丸投げ外注しているところ、この二つです。自計力をつけて自己管理ができるということがポイントになり、月次巡回監査をきちんと行う体制をとらない限り、上がれば上がるほど難しくなりますね。

神野　これまでアバウト課税できましたが、複数税率になったらお手上げです。複数税率にするならバーチャー方式でやってくれ、インボイス方式でやるまでは上げないでくれということくらい要望しないと、職員離れが加速化する可能性大だと思います。

中込　バーチャー、インボイス方式になり、毎月納付になればいいのですがね。

神野　先ほどタクシーに乗って「景気はどうですか」と聞いたら「最悪です。本当に今日も長崎は雨です」という答えでした。これから不況本番で、赤字会社の倒産ラッシュで会計事務所の責任が問われる場面が出てくるのではないかと考えています。

中込　可能性は十分にありますね。

神野　その時、「なぜ指導していなかったんだ」という不作為の罪に問われ、会計事務所が立ち往生する時代が来るのではないかと危惧しています。

中込　私は、受件簿を付けていない税理士が多いことは問題だと思います。税理士法の範囲内の話では税務署の管轄の話ですが、実はそんな柔な話ではありません。たとえば、私たちが公益法人を受けた場合に、現場で監査したことを監査報告という形で理事会で出せるか。社会福祉法人も同じで、現場で気付いたことを報告書で出せるか。一般の企業では債権者から「会計事務所はいったい何をやっていたんだ」と聞かれたときに、文書できちんと説明できる根拠を持てるか。

これは監査報告に近い状態です。うちでは会計参与報告書をきちんと作っていますが「こんな報告書があるのか」ということで、商社から大きな取引をもらったことがありますが、私は会計事務所が監査報告書というものを非常に軽く見ていると感じています。債権者に対して抗弁できるためには、私たちはやるべきことをちゃんとやったんだという形を残すということが必要ですが、これができないのであれば会計事務所としてかなり問題があると思います。

神野　監査報告書は我々はやっているはずですが、なかなかそれをやっていないという実情がありますね。

中込　文書にしなければなりません。

神野　それが、会計事務所は苦手なんですね。

中込　私は組合や外部監査、会計参与を務める先は全部やっていますし、税務署に対しては書面添付の裏付けとしての受件簿・記録を必ず取っています。すなわち、いまの本質的問題は、債権者から責任を追及される時代がすぐそこに来ていることです。

神野　やはり、そういう風に思われますか。

中込　そういう風潮ですから。

神野　結局どこにもあたるところがないから、会計事務所から損害賠償をとってやろうかということですかね。

中込　そこまで悪意があるかは別として、一番怖いのは飯塚会長が「経営者は会計事務所に責任転嫁するよ」とよく言っていたじゃないですか。「私は知らなかった」、「指導を受けていなかった」

ということになりかねません。こうした時に「いや、違うよ」ということを会計事務所が言えるか、ということです。脱税、粉飾決算は、会計事務所が主体的にやったとすれば共同正犯または共同謀議ということになります。

「テクニックを使うなよ。本質を外すなよ」

神野　赤字会社の倒産が続出すると債権者から訴えられる。「こんなはずじゃなかった」という言い逃れが許されない時代になったと思います。飯塚先生が言ったように、意外とこうしたことに気が付かないノンポリ集団があまりにも多すぎると思います。飯塚先生から教わったことで、いま現在の教訓として中込先生が一番印象的だったとすればなんでしょうか。

中込　たった一言私が言われたのは「テクニックを使うなよ。本質を外すなよ」ということでした。これだけです。だから、私は決算にしても申告にしても、限りなく真実に近い決算書をどれだけ作れるかにこだわり、テクニックで「これをこうすれば利益が出る」といったことは、まったく眼中にありません。

神野　それは大事な教訓ですね。私は「主体性の確立が職業会計人として成功する基本ですよ」と言われました。簡単に顧問先の社長の言いなりになるのでは必ず墓穴を掘ってしまうということですね。

中込　私は、テクニックばかりを勉強して「どこかにいい話がないか」「儲かる話はないか」というのではなく、職業会計人としてどのようなスタンスを持っているのか、自分の立つ位置、軸足をしっかりしなさいということを込めて、テクニックということで表現したものだと思います。

神野　我々はみんな飯塚先生に会う前は決算屋、申告屋、帳面屋でしたから、そうした部分はあったと思います。飯塚先生と出会わず、ＴＫＣ会員になっていなければ、どんな税理士になったかと思うとぞっとしますね。あと六万人の先生方は飯塚先生の理念や哲学、宗教的信条を受けていないわけですから。

中込　たまたま、我々は師と言われる人に巡り合えた幸運がありますが、それ以外にも志の高い方はおられると思います。ただ、ＴＫＣの素晴らしさは、飯塚先生の存在もそうですし、志の高い集団でもありますが、それを実践しようという仲間がいるということです。

神野　実践から学んで、実行して学ぶということですね。理屈ばかりで頭でっかちになって、結局は何もやらないというのではだめですね。

中込　実践があるから、神野先生と話がかみ合うのです。

神野　飯塚先生がこう言いました。「何が正しいかじゃないんだよ。誰が正しいかだ」。「本当に儲かるの」「本当にうまくいくの」と言ってうろちょろしている人に「何を迷っているか」と飯塚先生は言いますが、何が正しいかを考えているうちに時間が経ってしまっているのです。「巡回監査はやることが先で、体制の整備、合理化は後だよ」「実践が先で、理屈は後からついてくる」と飯塚先生は言われましたね。先生は妙心寺は行かれたのですか。

中込　いいえ、行っていませんが、個人的にお寺は行きました。ブッダを訪ねてインドやネパールにも出かけたりもしています。

神野　最近、ブッダの言葉という本を読みましたが、いいことを言っていますね。

中込　ブッダは哲学者でもあるし、科学者でもあるし、私は宗教心というものは勉強しなくてはならないなという考えがありました。仕事をしていても悟れるわけですから、ものの考え方の方が問題だろうと考えています。

神野　考えない訓練をするとなぜ悟りを開けるんですかと聞いたことがあります。心の中がきれいに掃除されて、ゴミだらけの心がなくなるんだと。座禅をやり、瞑想の生活に入ると心がクリーニングされ、ゴミだらけの雑念妄想がなくなるから、人と会ったときに額の後ろに何があるかが見えるんですよ、ということでした。私はそこまで残念ながら至っていませんが、中込先生は仕事と宗教、飯塚先生の教えはかなりドッキングすることがあったんでしょう。

中込　ありましたね。生きる知恵でもありますし、すべてに通じる真理だと思います。

神野　飯塚先生に先見性と洞察力の大切さ、環境変化を先取りしなさいと教えられました。職業会計人として磨かなければならないノウハウであり、先を読む力がなければトップに立てない。上に立つ人間の使命だよと。

中込　まったくその通りですね。私は修業も何もしていませんでしたが、戦略ＭＧの西先生から教えられた中で「過去を整理すると未来が見える」という言葉で、自分の過去にやってきたことをきちんと整理してみると、行くべき道がだんだん見えてきます。それは、本を読んだりテレビを見たり、このような会話の中にヒントがいっぱいあります。それを、私がやってきたこととリンクさせれば未来が見えてくるのです。ところが、先ほどのテクニックに頼る人は過去を整理していないから見えません。根の部分を整理することが大事で、そうすると、我々がやるべきことのヒントが視えてきます。同じ事象を目の当たりにしながらつかむ人とつかめない人がいますが、そういうことがなくても視えたのが飯塚先生ですね。

神野　飯塚先生も西先生も未来を視通す眼力というものがあるんですね。その眼力がどこからくるのかと思っていましたが、いま中込先生から過去を整理するというヒントをいただきました。私は夜学時代から五〇年間の書類を蔵の中に一〇〇箱くらいとっています。それを年代ごとに一生懸命整理していると、妻には「どうせ捨てるんでしょう」と言われますが、「俺の大事な宝物なんだ」と言います。今日、中込先生に会って本当に良かったと思います。整理していると、過去勉強したものの中に、いま生かせるものも見つかります。だから捨てられない。会計事務所の教科書ということで残そうと思っています。

中込　歴史というのは同じことではなく、似たようなことが繰り返されます。歴史や先人の知恵はここで生きるのです。先人の知恵から学ぼうとするから無理があり、逆に足元を整理すると先人の知恵がうまくリンクした時に実践の方に入ってきます。

神野　知恵が実践になったら結果が出ますね。知識では発心にも決心にも持続心にもなりません。

国家観から無償独占を考え身の置き方を決める

神野　会計を経営に活かして強くするという考え方は、経営力強化支援で我々にできることです。西先生の戦略ＭＧも徹底してやりたいと考えています。飯塚先生にお会いして、「一番基本なのは巡回監査の完全実施で、その意味と重要性、そして覚悟があるか」と言われました。「覚悟とはなんですか」と聞きましたが、不死身の事務所を作るためには巡回監査が絶対必要だということでしょうね。

中込　断固たる実践で例外を作るなと言われていましたね。言い訳をしないという覚悟ですね。

神野　巡回監査で顧問先を完全防衛する。書面添付も同じですが、巡回監査は職域防衛の一番重要な部分だということですね。

中込　伝票運搬人というような表面だけをチェックして帰るのではなく、巡回監査の本質をきちんとやろうとするならば改善が必要で、改善するためには経営者との関係で真実を会計事務所が把握する。現場に行って真実をつかみ、さらに改善することができて、巡回監査だと思います。

神野　巡回監査を的確に実施しない事務所は急速に没落していくと予言されています。職員の間に巡回監査の必要性に関する納得がないのは所長の責任で、所長に勇気と確信が欠けている証拠と言っても過言ではありません。顧問先と職員を守るための第一歩は巡回監査だよ、ということですね。

中込　表面的な真似事のテクニックではだめだということだと思います。

神野　飯塚先生は「現状肯定の上に明日はない。明日を生きる指導者足れ」とよく言っていました。私は現状否定、脱皮創造、想念実現という言葉をよく使うのですが、顧問先と職員を守り、自分の将来をどこに価値観を求めていくか、使命感と情熱を注ぎこむ場所はどこかということですね。

中込　そういうことですね。

神野　そう考えていくと、「国を守るんだ」という国家観につながる。そういう気持ちが税理士には絶対必要だと言いましたよね。

中込　税理士法第一条の権利の裏には国家観がないと、ＴＰＰなどでやられてしまいます。無償独占は税理士の範疇の話ですが、国家観から無償独占を説けば深いんですね。そういう視点、身の置き方をしっかりしておかないと、結局職域論争になってしまいます。ある意味では、権益を擁護する話になってしまい、税理士の既得権益を守るという発想になるから、議論としては非常に薄っぺらなものになってしまいます。

神野　「職域防衛」「運命打開」と言うと、「なんだ、ＴＫＣは自分たちの職域を守るためにやっているのか」などと言う人がいます。我々の顧問先である中小企業が職域であり、「運命打開」は国家を担う宝物である中小企業を守っていくことなんだ、ということがわからない人が多いですね。そういう国家観がなかったら、この仕事はやっていないですよね。

中込　そういうことですね。

会計を経営者と共に経営に活かす―アナログの世界で

神野　その他に、飯塚先生の言葉などで思い出すことはないですか。

中込　私の場合は実践面で捉えてきましたし、たとえば書面添付を中心にやってきました。言葉となると「信なくば立たず」という言葉を印象的に覚えていますが、「あなた方の知識でいろいろ言うより私を信じなさい」。これは逆に言うと、お客さんに対しても私が真実な姿であれば、説明はいらない、生きざまで示せということです。私も飯塚先生の言葉に理屈を述べるよりも、飯塚先生のやっていることは正しいという前提で動かないと、物事は成り立ちません。

神野　私は「自利利他」という言葉と同じくらいの重みで「光明に背面なし」という言葉が印象的でした。やはり、嘘をつかない、裏切らないということがなくならない限り、人はついてこないと思います。「光には裏も表もないんですよ。裏表のない人生を送ってください」「裏表を欠いて私利私欲に生きるほど、人生は長くない」と言われました。「担雪埋井」などは先生やってこられていかがですか。

中込　繰り返し、繰り返しです。同じことを何回も何回も繰り返しながらやることです。

神野　無駄と知りつつということですが、最近は「無駄ならやらない方がいい」ということで、そういう考えにならない人が多いようです。でも、教育はこれでいいというところはありませんからね。

中込　「脚下照顧」もいろいろ解釈をすることはできますが、靴をそろえるという心構えの話ですからね。私も後で永平寺で書いてあったのを見て知りました。「なるほどな」と思いました。

神野　「相を取らざれば、如《にょ》のごとく不動なり」「心に罣礙《けいげ》なし。罣礙なきがゆえに恐怖あることなし」。罣礙というのは、わだかまりのことだそうですが、「あの人はこう思っているんじゃないか」「あの女性は俺に気があるんじゃないか」といったわだかまりを持たないから、恐怖感や不安感を持たないですむということだそうですね。我々の事務所では、企業防衛・保険指導で平成二十五年三月までに百五十億円やる予定です。飯塚先生がなぜ、企業防衛・保険指導の必要性を説いたかというと、報酬もさることながら信頼の踏み絵であり、経営指導の原点なんだと。すなわち、企業を防衛し指導することをやっていない人は、ＴＫＣ会員とは言わない、ということを言いたかったのかと思います。

中込　まったくその通りです。まさに、私たちが保険会社の下請けみたいな発想の人もいるようですが、主体は私たちです。お客さんを守るためのお手伝いを保険会社がやるというロジックにならなければならず、そうでないと保険会社のために動いているようなものです。事務所の収益拡大の手段にしかならず、企業防衛につながらないのでは、意味がありません。

神野　根底にある飯塚先生の教えを実践したステップとして、サクセスビジネスモデルというものがあるとすれば、やはり巡回監査を徹底し、社長に寄り添いながら経営を指導する。同時に企業防衛・保険指導でいざという時に備え、リスク管理を行う。これが、やはり飯塚先生が基本中の基本として我々に教えてくれたのだと思います。これが信頼の踏み絵となると同時に、会計事務所の収益構造を変えます。

中込　あくまで結果としてですが、変えますね。

神野　ＫＦＳはどのようにやっていますか。

中込　継続ＭＡＳが約四割で今度の強化支援法で有料化を進めます。経営計画の必要のあるところはすべて導入済みで、五か年計画に替え、実践計画に替える作業を起こしますので、これから有料の展開になります。ＦＸは全体の七割くらいです。電子帳簿の世界に移ることによって、経営者が経営のことを知るところまで完璧にはいっていません。書面添付は一〇〇％で、法人の自計化は一〇〇％になります。ただ、経営計画については経営力強化支援法を軸にやっていきますのでまだ未知数ですね。

神野　金融機関とともに顧問先を支えるということで、顧問先を巻き込んでいく形でしょうか。

中込　そういうことですね。

神野　ある程度強制力がないと、経営者はやりませんからね。最後に、事務所の経営維新ということでインタビューを先生にお願いしたわけですが、これからの適者生存の時代にあって何をもって事務所経営を革新していこうと考えておられますか。

中込　私ははっきりしており、会計を経営に活かすということです。テクニックではなく、会計は経営を形にしたものですので、財務諸表、計算書類を作るのは当たり前であって、それだけでは足りません。これをさらに一歩進めて経営者とともに経営に活かしていくことが、これからの私の仕事だと考えています。そうである限り、永遠に仕事はあります。私たちは経営者に限りなく近い位置にいる、アナログの世界です。経営者のそばでアドバイザーとして、またはサポーターとして生きる。これが会計事務所の存在意義であり、そういう人がいま必要だと思います。

神野　同感です。昔は会計事務所は製造業だった。そこから情報提供業になり、最近はコンサルティングということですが、会計で経営を強くすることで、会計事務所は寄り添いザムライ業、ヒューマン・コミュニケーションのサービス業だという思いがしますね。

中込　経営者に限りなく近いところにいるわけですから。もう一つ言っておきますと、私がこれからやらなければならないのは、うちの職員は私の分身ですから、分身をいかに育てるかという点も大きな課題として考えています。

神野　まさに飯塚先生が言う、若い世代を含めて、どのように自分の分身を教育するか。そこに全精力を注いでいくということですね。本日は大変ありがとうございました。

（平成二十四年十二月十四日取材）

対談

飯塚毅初代会長の書籍を熟読玩味する運動で
ＴＫＣ理念の承継を

対談者　株式会社ＴＫＣ　相談役　**高田　順三氏**

独立した公正な立場で納税義務の適正な実現を図る

神野　株式会社ＴＫＣの相談役に就かれましたが、どのような感想をお持ちですか。

高田　永年に亘り多くの会員の先生方からご指導を賜わり感謝の気持ちで一杯です。また本日は、田制会長、安徳副社長にもご同席賜わり恐縮しております。先ほどお聞きしましたところ、平成二十四年の「日本経営士会」からの表彰で、最も優れた方に授与される、「ビジネス・イノベーション・アワード二〇一二　大賞」の表彰を受けられましたこと、誠におめでとうございます。またこれまで、ＴＫＣ全国会の方針の先頭に立って活動され、電子申告件数、ＴＫＣ方式による自計化純増数など数々の表彰で第一位を獲得されていることに深甚なる敬意を表します。まさに、日本パートナー会計さんは、ＴＫＣ会員事務所の中で、名実ともにトップ級と感服しているしだいです。そこでお話しするということで、皆様には釈迦に説法となりますが、自身への反省や自戒を込めてお話をさせていただきたいと思います。ＴＫＣの創業、ＴＫＣ全国会の創設の眼目は何なのか。このことは、ＴＫＣ会計人に期待すること、もっと大きく言えば職業会計人に期待することに繋がって参ります。その辺を念頭にお話しさせて頂きます。本日はよろしくお願いします。

神野　どうぞ、よろしくお願いします。

高田　何点かあります。まず一つ、いま日本は困難な時代だと言われています。困難な時代だからこそ、親身なビジネスドクターが求められています。その要因として国内人口減、デフレ、円高、不透明なエネルギー政策などが挙げられています。それらが長期にわたる経済低迷をもたらしていると言われていますが、「世界経済フォーラム二〇一二」の分析によれば、日本は製造にかかる技術力、技術工程の先進性、原価低減という部分の取り組みは世界第一級です。端的に言うと、技術力は世界第一級を堅持しています。だから、ものづくりは健在なのです。我が国の前途を悲観することはありません。中小企業も頑張れば、前途は広がるということを一番に申し上げておきたいと思います。

神野　おっしゃる通りです。同感です。

高田　二番目は、会計事務所の経営にまず求められるのは、理念の構築です。それを所長と職員さんとが共有し、それに裏づけされた実務・実践を日常業務に定着させる。そのことが重要になってきます。その理念の基になるのが税理士法第一条です。「独立した公正な立場で納税義務の適正な実現を図る」という条文を、まず押さえておかなければなりません。なぜなら国家と国民のために、憲法三〇条の納税義務の適正な履行に携わるという崇高な使命を受けているからです。これが基になります。税理士は公共的な使命を帯びている。そのことをまず我々は自分の心の中にビルトインする必要があります。

神野　同感ですね。

高田　職業会計人は、広義にとらえると職員さんも税務・会計に従事するという立場なので、こうした使命感を共有していただくことが重要だと思います。昭和五十五年の税理士法改正において、飯塚毅先生の意見具申により、「独立した公正な立場において」という文言が入りました。これにより、「納税義務の適正な実現を図る」に際しての立場が明確になりました。そして、このことから、税金計算が間違っていないのは当たり前、黒字決算にして納税を実現して初めて一人前で、それが国家と国民に応えるということになるとの立法趣旨も明確となったのです。職業会計人は、この使命条項を基軸に置かなければならないと考えます。

神野　おっしゃる通りですよ。

「自助」「共助」「利他」を共有する事務所は発展する

高田　飯塚名誉会長は「自利トハ利他ヲイフ」という理念をバックボーンにされ、職業会計人は顧問先を我が子のごとく抱きかかえるように、親身に相談に乗っていく利他の実践が必要だと言われました。飯塚会長は、『正規の簿記の諸原則』（森山書店）の自序で「人間は生かされて生きる」と述べられています。そして、人生の一回性に鑑み、この尊い人生をいかに生きるべきかを問われています。人は一人では生きられない。人は社会とのかかわり合いの中で生きている。こう考えると、限られた人生を共に生きるという意識が生まれ、自他の区別が希薄となってきます。周りの人々への役立ちという気持ちも生まれます。そして、自己の職業を通じて、社会に役立つ有為な人間になることが人生観になってくる。自分が社会に役立っていると感じると、生きることに喜びが増してくるとともに、周りの人々に感謝したい、報恩感謝という一念も湧いてきます。そういう一念が湧いてくると、日々社会に奉仕するとの積極的な精神がみなぎってくる。ここだと思います。

今日も私は日本パートナーさんに招かれ、皆さんの有言実行の成果をお聞きして、自分もかくあるべきと言い聞かせているわけです。そういった人と人との交流が止揚され、相乗効果が出て、より良い社会が形成されてくるのだと考えます。日本パートナーさんのところではモットーとして「勤労学徒たれ！」と言われていますが、私は社会に奉仕するためには、自分自身に実力を付けなければならないと、社内でずっと言ってきました。人間として社会に有為な存在になる。そこに人間のひたむきな挑戦があって——ｉＰＳ細胞でもそうですが——発見、発明があるわけです。人様に役立つ存在になるというのは、自己練磨を日々しないとだめだと思っています。

目標に向かって日々自分自身を鍛える、勉強する。セオリーアンドプラクティスというセオリーの部分がきっちり理解されていないと、この実務はなぜこうなっているんだろうかという疑問が残り、自信を持って実務が行えなくなります。

神野　その通りですね。

高田　一〇一歳で亡くなられた龍源寺の松原泰道老師は、人生を「生涯修行、臨終定年」と言っています。一〇〇歳を超えても本を書かれ、一〇一歳の時には日本経済新聞社のインタビューを受け、それが夕刊に大きく掲載されました。私はいつもそれを持ち歩き電車の中などでも読んでいます。その中で、「心の受信機、感度を磨く」と書かれています。どんな環境や境遇であっても心の豊さを持てるかどうかは自分の受信機しだいだと仰っています。困難に遭遇してもそれに立ち向かっていく気概があれば超えていけます。でも人間は、なかなかそうはなれない。それには感性を磨くことが大事になってきます。そして日々目標に向かってハードルを一つ一つ越えていく。目標があってそれに挑戦するから実力が付いてくるのです。

　明治の黎明期、最大の思想家と言われる福沢諭吉翁の『学問のすすめ』『文明論の概略』『西洋事情』『福翁自伝』などを私は枕元に置いています。その中に「一身独立して一国独立す」とあります。この言葉のように、一国の国力は国民の力の総和である。「政府がこうしてくれない」「予算が少ない」ということはあるにしても、気概として日本人一人一人が、我が力が国家の一部を形成し国際競争にも勝っていくという気構えこそが、いま求められているのではないかと思います。まずは、職員さんみんなが「自助」「共助」「利他」の考え方を共有し挑戦することが必要だと思います。

　今日お持ちした飯塚先生が昭和三十八年九月九日に執筆された職員に対する「保険契約指導に関する業務命令」の中に、「自助」重視の考えがあります。経営していくにあたって、資本制社会において各企業は「自分で助ける以外にはない」と仰っています。そして公共的使命を帯びている職業会計人には特に「利他」が求められると。イギリスの思想家であるサミュエル・スマイルズの『西国立志編』（中村正直訳）が福沢先生の『学問のすすめ』と同時にベストセラーになりました。『学問のすすめ』は人口三五〇〇万人の頃に二十二万部売れたというのですから、いかにたくさんの人々に読まれたか。『学問のすすめ』や『西国立志編』を読んでみんな奮い立ったのです。

当時その中で、福沢先生の最大の啓蒙は四民平等という、それまでの身分制度の閉塞感を打ち破る発想で、そのためには実学を身につけることが大事であると主張した。簡単に言うと、簿記や医学という実学を身につけ実践し、人様のお役に立ち、その結果自分も幸せになれる。当時福沢翁はその実学の代表的な技術として『帳合之法』を著した。それは、『学問のすすめ』が青少年への思想書と位置づけるならば簿記書である『帳合之法』は実学の代表として紹介した。この技術を身につけることで経世済民を押し進める社会を造ろうとした。

『学問のすすめ』を著した翌年に『帳合之法』を刊行していることから、両書はいわば一対をなしていると考えられます。これぞすなわち、理論と実務ですね。簿記を学んで、実学を身につければ有為な人になれる例示をしているのです。「天は人の上に人を造らず人の下に人を造らず」と言えり。貴賤の上下や氏素性に関係なく自ら努力する人には挑戦するチャンスが平等に与えられていると言っている。それにはまずは「セルフ・ヘルプ」（自ら努力する）、自助を心がけ実践する次に「ヘルプ・アザーズ」（人を助ける）というところにくる。そして志が高ければ社会に役立つ存在となってくる。つまり、パブリック（公共）へとつながり、その波動は一国にとどまらない、という考えを福沢先生は唱えている。すなわち、経済力を付けることは重要ではあるが、それは目的を果たす手段に他ならない。人生は金銭の多寡、金銭の獲得量だけでは量れないというところに行き着きます。

福沢先生は、若き頃、大阪の適塾で四六時中勉学に励まれた。それは金銭欲からではない、日本国を立派な国にしようという憂国心からですね。それが終生変わらない。一度も官途に就かない、しかし問われれば、批判を恐れず持論を吐いている。幕末、慶應義塾を創設し、ご自身だけの立志だけではなく、他の青年も志高くあるべきだとの考えで教育に携わった。『文明論の概略の緒言』の冒頭を見ても「天下衆人の精神発達を一体に集めて」と、利他が根底にある。

飯塚先生の言われる「自利利他」は最澄伝教大師の記述された一文から、これが我が生き方に一番適っていると思われた。そして、「自利トハ利他ヲイフ」と解され、この理念と租税正義の実現を掲げられて終生挑戦された。つまり、高い理念と志ががっちりしている。ですから、この考えが会計事務所のバックボーンになってくると筋金入りのスタッフ揃いとなる。そうすれば、少々の困難が来ても揺るがない。理念を根底にした社是を唱和し日々業務に取り組んでいる事務所には、横溢《おういつ》した生気がみなぎっています。生きる基軸がしっかりしていますからね。理論を深めれば実務に確信が持ててくる。矛盾も時に起こりますけれど。それは後で解決する。そのような理念に裏付けられた事務所はやがて発展する軌道に乗ってくる。ところが、その部分が固まらず迷っていると、年がら年中迷うことになる。自身の反省も込めてそう思います。

神野　同感です。

税理士に期待される使命、税務、会計、経営助言

高田　雇用の七割、ＧＤＰの五割強は中小企業が占めており、日本の強みと言えます。政府もここ十年、改めてわかってきたようです。中小企業憲章には「中小企業は、日本経済を牽引する力であり、社会の主役である」と書かれています。

　パソコンやスマートフォンを開けてみると、部品はほとんどメイドインジャパンです。一言で言うと、日本企業は世界経済を牽引する力を秘めています。中小企業は日本を支えるかけがえのない宝だということを中小企業の社長さんにも認識してもらわなければならないと思います。

　手元に一〇〇円の資金があったとしても、鉛筆一本でさえも自分一人では作ることはできないですね。この世界はそれぞれの企業が有するものづくり、分業で成り立っている。超一流になるというのは、どこよりも良い製品をリーズナブルな価格で作れるかどうかです。かつて、ゾーリンゲンのカミソリは、その鋭利さ、精度で市場競争力を有していた。現代にあって日本のメーカーでは、ユニチャームの紙おむつや衛生用品は、世界十数ヵ国で製造販売され、市場優位性を誇っています。国内販売と海外販売の比率を見ると、ほぼ肩を並べ、時価総額一兆円規模になってきています。なぜ、ユニチャームさんの名前を出すかというと、私がＴＫＣシステムを売り込みに行った際に、経営戦略の一端をお聞きしたからです。会計事務所は関与先の永続的な繁栄に貢

献しなければならないという使命を帯びていますが、その時に大事なのは、中小企業の社長さんに「あなた方は非常に重要な存在なんだよ」ということを語りかけないといけません。企業は社会的存在であり、その存在理由を問いかけることも大事だと思います。

税理士は近年、税務と会計の専門家であると言われています。税務は税理士法第一条に規定されています。会計はその識見を有するものとされる会計参与に就任することができ、それは会社法第三三三条に規定されています。公認会計士と併記され、税理士が会計参与に就任することができる者とされたことは、その法成立の背景に、税理士が会計の識見を有する者として認められたわけで、その主たる立法根拠は何かというと巡回監査です。巡回監査の存在が国会や行政関係者にも認識され、中小企業の決算の正確性確保に貢献しているとのことから、会計の専門家として会社法上で認められたのです。公認会計士は独自の特権として何が付与されているかというと、会社法上の会計監査人監査と金融商品取引法上の監査です。いま、会計の識見を有する者と認められたと同時に、近時、経営革新のための事業または異分野新事業分野開拓に係る事業の計画策定の指導及び助言にも応じられる者として期待する法律が制定されました。この点は、今日、強調しておきたい。

中小企業経営力強化支援法の第一七条二項関連ですが、「事業計画の策定に係る指導及び助言」という条文が出てきます。金融円滑化法が切れたらどうなる、という特集をテレビなどでも放送していますが、その時にこの法律に規定される「経営革新等認定支援機関」となった金融機関と会計事務所とが共に親身な相談で中小企業を抱きかかえるように――叱ることもできないとだめですが――取り組むことがいま期待されています。このように、会計事務所の使命が、いま非常に広がってきているのです。昔は税務の専門家、そして平成十八年施行の会社法で、法律上、税務に加え会計の専門家となった。そしてこれからは税務と会計に加え、経営に係る専門家としての役割が期待されているのです。

　飯塚先生は、昭和五十年代からマネジメント・アドバイザリー・サービスと言って、職業会計人の業務の一つとして重視されていました。いま、税理士に期待されている国家の役割としては、税務、会計、経営助言という方向に来ている。飯塚先生の先見性、洞察力どおりの時代がまさにいま来ているのです。

絶えざるマーケティングとイノベーションで顧客を創造していく

高田　職業会計人として職員とともに、顧問先にどのような視点でアドバイス、コンサルテーションしていくのか。永年この業界を見てきて二つの重要点があると思っております。それは、絶えざるマーケティングとイノベーションです。常に技術革新し、市場のニーズやウォンツをキャッチすることによって顧客の創造をしていくのです。巡回監査の時に、監査担当者は税務六法、巡回監査マニュアル等の活用はもとより経営マインドを練磨する必要性もあるでしょう。

　いくらいいものを作っても、マーケティング指向がないと顧客が買ってくれず、すたれてしまいます。自分が体験した話しかできませんが、私は上場企業二十社以上へトップセールスに行きました。その際、伸びている企業に共通していることは、先見性と実行力があるということです。

先にも述べましたが、ユニチャームさんは世界をわが市場とみた市場戦略をとっています。例えば、中国の人口十三億人の半分は女性で、自国では快適な優れた衛生用品が作られていませんでした。アイフォンやテレビは作っても、そういう分野はややおざなりにされていました。ところが、現地生産で販売してみるとよく売れる。またインドネシアの人口は二億四千万人、タイは約七千万人です。現地生産の場合は土地、建物、人、光熱費などすべて現地の原価で生産できます。日本に逆輸出するような時代ではなく、資本力、財務力はいりますが、現地生産現地販売いわゆる地産地消です。農業もそうですが、国内需要だけでは限られています。農商工連携で、たとえば福島産のリンゴは最高級だとします。福島のリンゴを現地生産する、国内での生産販売にとどまらず、ライセンス契約により中国で作って中国で販売する、その際ライセンス料を永続的に取得すると同時に商品名の登録や生産工程の知的財産権の確保も行っておく。そういった商標登録、特許と言った、いわゆる知的資産を現地でも取得しながら海外展開していく時代に来ています。

マーケティング、イノベーションという視点で市場を創造し、プロダクト・ミックスの考えにより製品戦略を練る。そして製品ごとに原価計算し、利益管理を行う。製品には、ライフサイクルがありますから、いつまでも、金のなる木や花形商品ばかりでは在り続けられない。常に、新たな製品作りを行い、市場を切り拓いていかなければならない。そしてシェアを高め、存在感を増していく。そうすると、戦後小さな中小企業であった本田技研のように、世界のホンダのようになる可能性が出てくるのではないでしょうか。本田宗一郎さんと番頭役の藤沢武夫さんとのコンビをみても、イノベーションは本田さん、財務と販売は藤沢さんとバランスがとれています。この会社も最初は二輪車で、次に四輪車へと製品開発の幅を広げていっています。所長や巡回監査担当者が、顧問先の社長とそのような夢を語り合う。最初は小さな夢、それが段々膨らんでくる。次に重要なのは、社長自身が社員とそういう話をし、ビジョンと熱い思いを共有しないと馬力が出てきません。

神野　その通りですよ。

高田　私はＴＫＣの秋季大学などで中小企業の経営者の皆さんに「経営者は創業時の熱い思いと社会への役立ちやビジョンを、社員に語り続けなければならない」と言い続けています。

神野　なるほど。

高田　そういった社風、風土作りの支援を監査担当者も常にやり続けることです。その原点に常に立ち返らないと、日々の事象に惑わされてしまいます。会計事務所の監査担当者は、顧問先の社長が繰り返し将来の夢を社員に語っていく土壌をつくらなければならないのです。そしてもう一つは、企業活力の源は、社会への役立ちという高い志でビジョンを描くことです。そのビジョンのもと方針を立て戦略を練り計画に落とし込む。そして予算を立てそれが計画どおり進んでいるかどうかを、ＰＤＣＡサイクルで回していく。監査担当者はこのサイクルを顧問先の社長が回し、会計を経営に役立たせるようになるまで支援する使命を帯びているということです。具体的に言うと、ビジョンを具体化し経営計画を立て、その実現を図るために戦略を練り組織化する。

そして組織は常に柔軟に対応できるような風土にしておかないと縦割りになって硬直化する。こういった観念を巡回監査担当者も持ち続けて巡回監査に当たるということが期待されます。

神野　おっしゃる通りです。

高田　中期五カ年計画を立て翌期の計画に落とし込む。その際トップダウンだけではなく、計画を社員と共有化して、社員が「なるほど。社長の考えが分かった。俺たちもこれに向かってやろう」というような風土にしないと、企業は動きません。全員参加型と私は言っています。それができるようなモラルアップと同時にやる気の出る俺たちの計画づくりが必要だということです。そのような意味からも、経営計画策定にはＴＫＣ「継続ＭＡＳシステム」の活用は有効なのです。

　顧問先が初めて経営計画を作る際には、監査担当者が出向き、経営計画づくりに関して社長が言いにくいことを代わりに言ってあげる。「会社の存続発展のために経営計画作りは必須で、これは全社のため、皆さん自身のためにも重要なんだ。他人事じゃないんだよ」と言わないとだめだと、私は思います。そういう中で、経営計画づくりを支援し、経営者や管理者がＰＤＣＡマネジメントができるようにならなければならない。計画に際しては、変化の動向や脅威となる事柄を分析し、自社の強み弱みを認識した上で、財務の視点、顧客の視点、業務プロセスの視点、人材と教育の視点などを検討する。そして経営計画はわかりやすくシンプルに、目標利益、それを達成するための売上高、売上高を構成するプロダクト・ミックス、必要経費などを立案していく。独りよがりな企業側の論理だけでは売り上げは上がっていきません。顧客の視点が重要で、顧客満足度を高めていくことを永続的に追求していかなければなりません。自企業が持っている、製品、サービス力が顧客を満足させているのかどうか、常に意識する必要があります。そして、気付いたことは率先垂範して改善、改良していきます。こうした点も、監査担当者は「この製品の売り上げが落ちていますね。その理由は何故ですか」と問い、経営者に気づきを与えていく必要があるかもしれません。社長が「いやー。これが一番金のなる商品だったんだけどな」と言った時に、「今は、シェアも粗利益率も落ちていますよ。市場は変化していますよ。この商品は、ライフサイクルから見てどういう状態にあると考えているのですか」というような問いが必要です。しかも、部門別損益、商品グループ別管理、支店別、支社別など、セグメントして管理する視点を持っていないとだめだと思います。

税務署が来ても是々非々で、それには正しい決算、適正申告

高田　話が拡散しましたので、少しまとめていきたいと思います。いままさに会計で経営力を高めるための支援が、会計事務所に求められていることです。それは、制度会計面の指導だけでは十分でなく、管理会計面の指導が必要です。それは、変動損益計算書の見方活かし方や、事業計画づくりなどの期待が存在します。法律は社会の動きに二、三歩遅れてできますので、もっと早く立法をやらなければならなかったなどはよくあることです。経営は待ったなしでそうはいきません。金融行政施策として、リレーションシップバンキングなどを経て、いまようやく、中小企業経営力強化支援法が制定され、「経営革新等認定支援機関」というスキームを作り、現場で中

小企業を支援していくという制度ができ、そこにこれから予算措置もされてきます。

正しい決算、適正申告についてお話しすると、飯塚事件で飯塚会長が何を思われたか。第一に、帳簿の証拠力ということです。昭和三十年代当時は推計課税が横行していましたからこれを是正しなければならないと。「税務署が来ても何も怖いものはないよ」「どこから切っても、うちはきっちりと正しく記帳して、正確な会計帳簿を作り、事実に即して法令遵守でやっているから」と仰っていました。飯塚事件をきっかけに後年、飯塚先生は『正規の簿記の諸原則』を執筆されました。飯塚先生がすごいと思うのは、困難をすべてプラスにしていることです。

神野　なるほど。

高田　最終的に職員四名の無罪の確定で勝訴したのは昭和四十五年ですが、四十年二月に、当時の国税庁長官が依願免官され、もう勝つと分かっていた。関係者が飯塚先生のところに来て「どうしますか。国家賠償を請求しますか」と言うと、「いらない」と。

神野　汝の敵を愛せよと。

高田　「長官一人の意思決定で動いたのだから、長官一人でいい。長官の首一つ」と講演でよく仰っていました。飯塚会長のカバン持ちを長年やっていましたが、二十六歳の時に飯塚会長は「君、ほとんど勉強していないな。君は無学の先頭を走っている」と叱られました。先頭を行っているからいいのかな、と思ったのですが（笑い）。しかし、続きがあって間髪入れず「伸びしろが十分ある」と（大笑い）。

神野　これはいいな（笑い）。

高田　「伸びしろが十分あるのは喜ばしい」と言っていただきました。

神野　「惰眠をむさぼるだけではなく、熟睡状態だ」とも言っておられましたね。

高田　「青年は無限の可能性を秘めている。そういう思いで頑張れと」と言われ、私はシンプルだから本当に感動して、その日は帰り道をどうやって帰ってきたか覚えていないほどでした。話を戻しますと、制度会計上は確定決算主義を踏まえ、正しい決算、適正申告という視点が重要です。これは、職員の皆さんが常に頭に入れておかなければならないことですね。武田隆二先生の著書に『制度会計論』（中央経済社）があります。会計制度論では、かつてのトライアングル会計（商法、証券取引法、法人税法）が通説で早稲田の新井清光先生が展開されていましたね。新井先生は旧制の福島高商で飯塚会長の後輩なんです。両先生が対談されたときに、お聞きしました。

神野　そうなんですか。

生涯学び続けることを諭される

高田　私は飯塚毅先生から諭されたことをほとんど実行できず、ある時期悶々としていました。そのようなときに、全国会事務局に在籍しておりましたが、「君の業務からして、法学を学び給へ」と、「公法・私法を問わず、ざあっと、一通りやらなければ」と。お会いする都度、必読すべき書籍を矢継ぎばやに仰る。私がぼうっーとしていると「君、手帳に書籍名を書き給え」と。例えば、グスタフ・ラートブルフの『法哲学』（有斐閣）やヴィルヘルム・ヴィンデルバントの『哲学概論』

（岩波書店）、エ・シュマーレンバッハの『動的貸借対照表論』（森山書店）『モンゴメリーの監査論』（中央経済社）、『マウツの監査論』（森山書店）などを。早速、それらの翻訳本を神田の古本屋で買い求めるものの、難解で歯が立たず、読み進めない。しかし歳月が立つなかで少しは読み、また少し読む、といった按配でやってきました。ですから、語るに足りぬ者であることは重々承知しています。しかし、長年カバン持ちをしていましたので、少し感ずるところはある。そこを、今日はお話ししているわけです。

さて、飯塚会長の立法実現で最も影響力の大きいものは、昭和五十五年の税理士法の改正ですね。税理士法第一条に「独立した公正な立場において」が規定されたことで、これが、後々の立法改正にも及んでくる。昭和五十四年六月一日開催の衆議院大蔵委員会で、「中正な立場」を「独立した公正な立場」とする趣旨が説明されている。年が改まって、昭和五十五年に入っても、国会議員や大蔵省の高官から電話がかかってくる。私は未だ駆け出しの身で電話番をしていました。要は、この法律改正によって、税理士の立場が「中正の立場」という曖昧な表現から、「独立した公正な立場」すなわち、インディペンデント、独立不羈或いは独立不偏な立場となった。適正納税の実現を官に拠らず民に拠らず、独立した公正な立場において、租税法律主義に則り行うということが法律で明記されたわけです。このことは当時、画期的だったのです。

税理士法の根基定と位置づけられる、憲法を見ますと、国民の三大義務の一つである納税義務が憲法第三〇条に規定され、租税法律主義は同八四条に規定されています。法律は国民の代表である国会で制定されるわけですから、租税法もこの例外ではありませんね。ということは、租税法の立法も、その基礎に、主権在民が横たわっている。一方、国民の財産権は憲法第二九条に保障されている。しかし、憲法第二十九条二項・三項を読むと「公共の福祉に適合する」、私有財産は保障されているが、公共の福祉のために用いることができるとある。ただし、それは、租税法律主義が基本ですから、正当な保障のもとになされると。その役割を、税理士が、独立した公正な立場において行うと明確化された意義は大きかったのです。

神野　その憲法第二九条一項「財産権は、これは侵してはならない」を強調してやっているのが一部の税理士にいますよ。

高田　一項だけを強調しているのですね。重ねて申し上げますが、二項を見ると「公共の福祉に適合する」と規定されています。民法もしかりで、「私権は公共の福祉に遵う」と第一条に定められています。

　これまで適正申告の実現という観点から話してきましたが、適正納税という観点から申し上げると、企業は黒字決算でなければならない。ところが、わが国企業の約七十五％が赤字です。そこで近時はとりわけ、会計を経営に活かす視点と正確な決算で金融機関からの信頼を高め、資金調達を円滑に図ることが求められてきています。変化の激しい時代ですから、船の舵取りは簡単ではありません。会計は経営者が意思決定を行うに際しての羅針盤の役割をも果たします。適切な舵を取るためには会計の精度が高くなければ判断を間違います。このため、適時に正確な記帳が必要になります。

　また、資金を人にたとえるとこれは血液で、心臓はポンプにあたる。心臓部分にあたるのは営業キャッシュフローで、これが廻らないと資金が枯渇する。かりに、銀行からお金を借りても一千万円、二千万円借りることができても、そのぐらいはすぐになくなる。つまり、収益を上げ、営業キャッシュフローを改善しなければ経営不安の状態となる。売上高を上げ、利益が確保され続けないと、企業は存続できない。費用の削減には限度がありますから。売上を上げることが先決です。そのためには製品力が市場でなければならない。多くの中小企業は資金に余裕がない。このため新規投資をする場合には金融機関に頼らざるを得ない。

また、一時的に、売上高が落ち込んで資金が不足する場合にも、財務体質の脆弱な中小企業にとって、金融機関からの資金調達は欠かせませんね。このように考えると、日頃から金融機関からの信頼を得ていないと、急場を乗り越えられない。

しかし、金融機関も慈善事業を行っているわけではないので、その企業への融資が返済できるという見通しがないと貸してくれません。そこで、経営計画を作成する必要が出てきます。中期経営計画に基づく翌期の予算計画をきちんと作成し、経営者は予算達成に向けてマネジメントしていくという自主性をつくりあげ、それが習慣となるように支援することが重要です。飯塚初代会長は「擬制の自己立法」と言っていましたが、自分で自分を鍛えるため自身の行動を律する規律を作る。そうして、それが習慣になったらあとは変化への応用だと。大きな問題に当面し判断の岐路に立ったときの拠るべき基軸が間違っていないと、どういう変化にも対応できる。そのためには固定概念にとらわれてはならないと。

話は変わりますが、どんな環境をも活かすという点で、飯塚会長のお供で料理屋に向かう道すがら、会長が鹿沼農商学校時代、通学途上、歩きながら論語を覚えられたお話をお聞きしました。私が、「そうですか」と合いの手をうった途端、「ところで、君は電車に乗っているときに何をやっているかね」と聞いてくるわけです。油断なりません。まるで問答ですから。

神野　歩きながら論語を覚えたんですか。

高田　全編覚えられたと仰っていました。大事なのは時間の有効活用、価値のあることへの時間の積極的利用を特に強調されていました。そして、「どんな環境にあっても勉強できる、要は、自分の心の持ちよう一つ」と。そのような強い決心で終始ご自分を鍛えられ陶冶されたのだと思います。時々、茅ヶ崎のご自宅に原稿の校正などでおうかがいしていました。ある日、書庫にお連れいただき、次々書籍を取り出しては、私にその要点を解説してくださるのです。畏れ多いことで緊張しました。その際つい、「万巻の書ですね」と申し上げましたところ、「なぁに、人文科学のほんの一握り」と。稀有壮大ですね。飯塚先生は理論と実務の双方をそれこそ寸暇を惜しんで追究なされたのではないでしょうか。広報室長時代にも、後に東洋経済新報社の社長になられた浅野純次さんや日本経済新聞社等の第一線の記者の方々をお連れしましたが、そういうときにもご自分の若かりし頃の勉学への挑戦を話され、私はいつも深く感銘しました。

神野　それが、高田さんに課せられた宿命でしょう。飯塚先生は喜んでいると思いますよ。

高田　話を戻しますと、中期経営計画の立案を継続ＭＡＳシステムで行い、翌期の予算計画を立て、企業用のＴＫＣ自計化システムＦＸ２で業績管理体制（ＰＤＣＡ）の構築を支援していく。経営者は金融機関の融資担当者に自社の現状、見通し、打ち手などを明確に語れるようにならなければだめで、自社内にこういう人を育てる必要があります。

　さて先ほど申し上げましたように、かつて一時期、上場企業など大企業に当社システムの営業に出かけました。その際、最初の七、八分、ＴＫＣ理念とシステム開発コンセプトを話すのです。ＴＫＣ全国会の掲げる租税正義と法令完全準拠、この考えに基づき開発するシステム委員会の存在などを。そして「こういう理念に基づくシステムだから安心してください」と、役員の方に申し上げるわけです。大手新聞社にも行きましたところ、当社のシステムを採用してくれました。

神野　それはいい手法ですね。

高田　僕はこういうタイプだから、二回、三回私が話して結論がでないようなところは後回しにしました。産経新聞社の社長にも会いに行きました。飯塚事件のとき、新聞社の多くは飯塚会長をよく書かなかったのですが、産経新聞だけが、ひょっとして真相は無実なのではないかと。当時そう思われたのが、住田さんでした。事件当時、宇都宮支局の記者だった人物です。

神野　飯塚事件を取材した人ですね。

高田　私はそれを聞いていましたし、それまで面識もありましたから、住田さんが社長になった時にご挨拶に行きました。

神野　そうした、機転の利く人はなかなかいません。

高田　そして、「社長、今日は営業にも来たんです」と（笑い）。

神野　うまいなあ。

高田　担当役員を同席してくれましたよ。そして住田さんがＴＫＣを紹介してくれました。

神野　それほど印象深い事件だったのですね。

税金も保険費用も企業の原価要素という発想

高田　「資本制社会にあっては、各企業は一切の災害不幸について自分で助ける以外にない立場におかれている」（飯塚毅「保険契約指導に関する業務命令」昭和三八年九月九日）とその本質を突いてられる。冒頭申し上げた福沢先生、サミュエル・スマイルズの「自助論」の考え方が、大正生まれの飯塚先生には色濃く残っているんですね。「この立場は、企業存立の原価要素」とも云われている。つまり保険費用は企業にとって企業防衛の原価だという位置づけなんですね。

神野　なるほど、私もそう思いますよ。

高田　自助の大事さを飯塚会長が強調しているんですよ。

神野　素晴らしい発想ですね。

高田　私は飯塚先生の講演を頻繁にお聞きしましたが、税金もそうで、企業は税金も原価要素としてとらえておく。税収が増えないと国は衰退すると。一八世紀イギリスの歴史家エドワード・ギボンの『ローマ帝国衰亡史』（岩波書店）を引用しながら、税の乱れは国家の屋台骨に関わると。

　企業の原価要素の中に、保険費用を、当然のこととして織り込む必要を内包している。その保険費用とは万一の災害の時に、その損害額の全額を保障する保険の費用として、物的損害保険、人的企業家保険を挙げ、いやしくも経営者が合理的経営を望む限り、絶対不可欠の経営原価であると仰っています。飯塚会長のすごいところは、保険によりリスクを軽減することはもちろんのこと法人税を納めるようになって一人前という考えで、自企業だけ良くなればよいとの発想ではない。ただし、合法的にリーガルマインドで、いわゆる節税のアドバイスはする。しかし、国を裏切らないということで、国が富み、自分も富むという発想です。

神野　すごいですね。

日本人として恥はかけない

高田　飯塚先生は、かつて大きなリムジンに乗っておられたことがありました。私は三歩下がって師の影を踏まずですから、飯塚会長の隣のシートには座りません。いつも折り畳みの補助椅子に座っていました。すると会長は「おいで、おいで。私の横が空いているから」と。昭和五十六年に現場に出て、六一年から私は再び東京本社におりましたが、全国会事務局所属ではない。しかし遊軍としていつも控えている。平成二年ニューヨーク大学での講義は英語でやるからということで、リムジンの中で草稿を英語で何回も読まれていました。その時の気迫がすごい。「日本人として恥はかけないからな。英語くらいできるということを国際的に知らしめなければ」と言われました。

神野　それはすごい。

高田　その後が、さらにすごいんです。「質問も英語で受ける」と言って、すべて英語で用意されていました。実に用意周到なのですね。まったく恐れ入りました。

神野　ニューヨーク大学に行った話は聞きましたが、その時に原書を二〇〇冊買ったことを聞いてすごいと思いましたね。

高田　崇高な志と国家を背負っているという誇りと気概が脈打っているのです。みんなの前では言わないで二人になった時に、先ほど申し上げた「日本人として恥はかけないよ」と何度も言われました。当時七十二歳でその気迫ですから。翌平成三年にはドイツ税理士会事務総長ホルスト・ゲーレ博士の『ドイツ税理士法解説』を監訳されました。平成七年には全国会広報委員会が中心となって、『租税正義の実現をめざして』が刊行され、喜寿を寿ぐ会も催されました。飯塚会長のすごいところは、金儲けしようということを第一義に置かないところです。

神野　そこがポイントですね。

高田　当然経済力を付けることも必要ですが、「金儲けを第一の目的とするのなら、税理士という職業でなくてもいいよ」と講演でも仰っておられましたね。「われわれは、租税正義の実現に命をかけている誇り高き集団だ」と。「だから、脱落していく人もいるだろう」と。組織には、自浄作用が必要で、これがなければ組織の健全化は図れないとも言われ、そのような考えで、組織造りをなされ、首尾一貫、その想いでやってこられたのです。

　続いて、世代交代ということで、顧問先の事業承継や、顧問先を支援する会計事務所の承継も対応すべき時期にきています。先生のところは何人税理士の方がおられるんですか。

神野　いま、十二人です。

高田　戦後六十七年が経って、初代、二代、三代と世代交代がなされつつあります。何が一番ポイントかというと、理念の承継です。そして、顧客の視点に立って、製品開発をやり続けなければだめだという土壌を作る。会員からよく聞くことは理念の承継がなかなかうまくいかないと。実務的な面での承継は大概うまくいく。しかし理念の承継には時間が掛かり、一朝一夕には行かない。

実務面の相続の評価に関しては、株式評価などの財産評価が必要で、そういう時にはＴＫＣシステムを利用して頂く。

理念の承継とこれを踏まえた事業の承継については巡回監査時や後継者塾などを開催するなどの場を持って支援していく必要がありますね。税理士業務の完璧な履行とは、法律業務はもとより、こういった分野にも及ぶのではないでしょうか。

釈迦に説法ですが、これまで成功している多くの会計事務所を拝見して参りました感想と税理士法を踏まえ、少し申し上げたいとおもいます。全国会の事業目的の第二にある「税理士業務の完璧な履行」には、真正の事実を確保すること、そのためには相当注意義務を果たさなければなりません。それには、職員さんに税理士法第四五条の規定に違反しないよう徹底する必要があります。当然先生方には、使用人等に対する監督義務（税理士法第四一条の二）がありますから、いわゆる業務処理簿を作りこれを五年間保存しなければならない。そして巡回監査に際しては、顧問先の会計記帳が適時・正確に行われ、これらが法令遵守なされているかどうかを、チェックする。さらに巡回監査を通じて、会計指導等を行うなかで、顧問先の経理担当者の育成も行い、経理担当者の視点から経営・営業も視る力量が養われるように支援することも求められています。

百人が聞いて実行するのは一パーセントもいない

高田　飯塚毅初代会長はご講演で、「私の話を聞いてそのとおり実践するものはごくわずか」だと嘆いておられました。

特に、会長のご講演で印象に残っている言葉をあげますと、「人生の一回性故に、経営の本質を問う」と、独立性を堅持した職業会計人の職業の崇高さを強調されていましたね。そして、「関与先の発展のために祈りをもって全力投球せよ」と。表面的ではなく、「経営者の心の指導ができなければならない」と利他の体現者としての慈愛でと。とりわけ、テクニック論だけに埋没することを危惧されていました。

また、「人間の営みは心身一体となって体現されるという観点から、最も注視されるのは感性をどう磨くか。自身をどう磨くかにかかっている」と話され、業界全体が発展しないのは、私の話を聞いても、「百人が聞いて実行するのは一パーセントもいない。だからそこが問題なんだ」とも仰っていました。

神野　我々は職業会計人の中で、本当に恩師飯塚毅先生の教えの実践に努めていますが、いま特に危機感を募らせているのは、おそらく職業会計人と言われる多くの税理士・会計士の皆さんは、じかに、あの圧倒的迫力と博学の飯塚先生の人格にふれていない。書籍も本気で読んでいる人はそう多くはない。だから職業会計人の真の存在意義を理解していない。

環境も激変し、大変革を起こしている。そして、残念ながらＴＫＣ会員であっても記帳代行型会計事務所のレベルに留まっているところが相当にある。そういうタイプの事務所の顧問先はたいがい赤字会社である。ということは、今日お話を聞いた中で、それらを放置している原因は我々にも責任があると思わざるを得ません。職業会計人である我々が会計と税務だけにいつまでも執着し、そこだけに時間投下していたら、経営改善に踏み出せません。

高田　記帳代行に時間がかかってしまいますから、経営計画や事業再生計画の作成支援などに手が回らないということですね。

神野　おそらく手が届かない。あるいは、自計化するには手間がかかり費用が増えるから、やらない方が儲かるという儲け優先主義に陥っている。我々の職域である中小企業が赤字になっても構わないという、「自利利他」の精神、恩師飯塚毅先生の深い思いが欠落しているのではないかと思います。

高田　税理士の使命である適正納税の実現とは、黒字化支援で、これに取り組まない職業会計人はその使命を全うしていないと言うことですか。

会計を経営意思決定に活用し経営力を高める風土を醸成する

神野　はい。そうした中で、いま話題になっているのがクラウド方式の会計システムです。これを脅威と捉えています。今後数年経って、市中のソフト会社のシステムが直接中小企業にも浸透したら、記帳代行型会計事務所は集団死滅してしまうのではないかと危惧しています。恩師飯塚毅先生が四十五年前にＴＫＣコンピュータ会計の必要性を叫び、これを実践しないと、「職業会計人の集団死滅の時来たる」と警鐘乱打したときのように。

高田　クラウド化の潮流ということですね。ＴＫＣにおいても、既に中堅・大企業向けの自計化システムはクラウド方式となっています。そこで重要なことは、ＴＫＣ方式のシステムは会計事務所の巡回監査により会計データの正確性を高めるという業務を経て月次決算を支援することを前提に開発されています。巡回監査時には、正確性を高めるだけではなく、経営の健全性を吟味したり、法令遵守されているかどうかをチェックします。内部統制の欠如している中小・中堅企業において、このことは大事ですね。自計化する際に手間がかかるとの認識がある。たしかに、初期指導には多少の時間は掛かる。しかし、初期指導がきちんとなされれば、事務所の記帳代行はなくなり、企業側で行うべき経理事務になる。商法、会社法の規定では、適時に、正確な会計帳簿を作成するとの義務は、企業側にあるわけですからね。そこをきっちりと押さえない事務所は、生産性も高まらない。ＴＫＣ方式の自計化を進められている日本パートナー会計の皆さんはそこのところを重々承知し、徹底されている。ＴＫＣでは、企業の規模別に自計化システムのラインナップが揃っていますから。

　自計化に手間がかかるというのは、その多くは初期指導のときです。初期指導した後、標準化・合理化されてくると、企業側も経理の大切さを認識してくる。そして、会計を経営に役立てようとする土壌が徐々にできてくる。制度会計上の正しい記帳ができてくると、次に、会計事務所側で、管理会計分野の指導を行う。その中心が、変動損益計算書の見方活かし方ですね。会計を経営意思決定に活用し経営力を高めるという風土を醸成すれば、初期指導には時間がかかっても後はすんなりいくのではないでしょうか。要は、巡回監査を業務の基本に据えた考えを所長が持つかどうか。そこにかかっていると思います。所長がそう認識したら、そのことの徹底を職員に行い、職員は担当する顧問先企業経営者に巡回監査の意義を周知することですね。そのように、会計事務所主導で経理体制を作ることが肝心です。

クラウド化は時代の変遷から見ると、ＥＤＰ会計、いわゆるコンピュータ会計が昭和四十年代後半から五十年代、六十年代にかけて一般化し、最近ではサース（ＳａａＳ）が話題となりましたが会計のサース方式での利用はうまくいきませんでした。会計業務は、会計データの正確性・信頼性をいかに図るかがもっとも重視されるべきで、サースやクラウドは情報処理の手法のひとつでしかありません。ＴＫＣ全国会が提唱する巡回監査運動の定着こそが、決め手ではないでしょうか。

平成二十四年二月に、「中小企業の会計に関する基本要領（中小会計要領）」が策定され、ＴＫＣ全国会では、これに準拠した会計の普及を促進されようとしています。そこに巻き込んだ、ＴＫＣ方式による自計化を初期指導すべきところはその観点から展開してみてはいかがでしょうか。

会計データの正確性の確保に関し、中小企業の経理担当者だけでは不安がある。「これでこの月次データはＯＫですよ」という巡回監査の存在が必要なのです。この品質が上がり顧問先満足度が高まれば、競合する恐れのある存在の脅威にも敢然と立ち向かっていくことができるのではないかと考えます。

神野　巡回監査が決め手だということですね。

高田　クラウド化はいま話題のまとですが、より重要なのは巡回監査によって会計データの正確性が確保されなければクラウド化してもダメだということです。クラウド化は手法の変化であって、本質的な変化ではありません。巡回監査、いわゆる仕訳の正確性、法令準拠、そしてこれらを第三者がチェックしていく過程の中で、月次決算の品質を高めていく。このことの重要性が一段と高まってきているのではないでしょうか。また、東日本大震災以降、会計データや決算書・申告書をいかに安全に保存するかというニーズも高まっています。ＴＫＣデータセンターは、平成二十三年三月に起きた大震災の際にも、情報処理に何ら支障もなく対応できました。法令上の保存期間への対応はもちろんのこと、最新の日次の送信済みのデータがきっちりと保存され、過去データ等をいつでも見られるようになっています。

神野　顧問先企業の月次決算の品質をいかに高めていくかということ。データの安全性をいかに確保するかも重視されてきているのですね。

高田　記帳代行をやっている事務所は危機感を持たざるを得ないということです。ＴＫＣ会員も一〇〇％は自計化していない。特に年商五〇〇〇万円以下の自計化率は低い。この層であってもＴＫＣ方式の自計化システムであるｅ21まいスターの普及をご支援していかなければならないと考えています。

学ぶとは真似ること　まずは創始者の教えを守る

神野　おっしゃる通りですね。私は、最近特に、四十五年前に恩師飯塚毅先生が集団死滅に遭遇すると叫ばれたことに危機感を抱いて、記帳代行会計事務所に警鐘乱打を鳴らしたいと考えているのですが、記帳代行を主たる業務にしている人たちは職業会計人の社会的、公共的使命感にまだ至っていないのではないかと思わざるを得ません。自分の職業へのプライド、使命感をどうやって気づかせたらいいのでしょうか。

高田　それは永遠のテーマだと思います。そして、飯塚初代会長が執筆された『会計人の原点』『逆流に遡る』『逆運に溯る』『一職業会計人の悩み』『物凄く伸びる職業会計人』『自己探求』などを読む、飯塚先生のカセットテープを聞く、そして先生の考えを語り継ぐことが大事なのではないでしょうか。「俺だけ知っていればいい」というのではなく、ことあるごとに職員さんに語り継がなければだめです。そういうセミナーもやり、理論と実務を一体化するよう努めることが草創の頃に入会された先生方の使命だと思います。次代を担う人もそれを吸収していく努力をしなければなりません。

神野　私も使命感と情熱に燃えて、三〇〇ページのこの本を上梓しようと考えています。私たちが恩師飯塚毅先生の理念、哲学を実践してきた四十五年の歴史的成果のＴＫＣに対するご恩返しの気持ちと、経営維新の実践断行を求め会計事務所に警鐘乱打する一助として、先発会員としての使命、役割を果たそうと考えています。

高田　日本パートナー会計事務所さんの成功の軌跡を公開するのですね。昭和四十四年のご入会ですから、神野先生をはじめ、田制先生、大須賀先生方は飯塚会長の直伝を受けられているわけです。飯塚会長のエッセンス、『電算機利用による会計事務所の合理化』テキストや『ＴＫＣ会計人の行動基準書』などを何回も何回も読み込まれて肉体化しておられるから発展されたのでしょう。私は講演等でいつも話をするのですが、ＴＫＣ出版から出ている『会計人の原点』等の分厚い全五冊の本を必読書、ぜひ座右の書としていただきたいのです。

神野　私も講演で六十数回全国を歩きました。その時に持っていったテキストは、飯塚先生直伝の書籍等で、直伝主義で話しています。

高田　私もいま言われた直伝主義です。自分のフィルターをできる限り通さないで、感ずるところは自分の私見として語り、直伝として「自利トハ利他ヲイフはギブアンドテイクではない」と言われていました。飯塚会長の言葉を引用していくことが重要だと思います。それでも、生意気にとらえられることがしばしばある。しかし、そんなことを気にしていたのでは何も言えませんから、気にして気にせず、真に思うところを情熱をもってやるしかありません。

神野　私が講演すると「飯塚先生の真似をして」ということを言う人がいます。私はそのとき「違うんだ。私のものなど最初からないんだよ。恩師飯塚毅先生の直伝なんだ」ということなのです。

高田　学ぶということは真似ることから始まりますから。まずは創始者の教えを守って、きっちりと引用する。そして、そういう場面ではできる限り私見は控える。自分の私見を述べる場合には、「私はこう思うんだけども、飯塚会長はこう仰っていた。未だ未だ難信難解でその域に達していない」と言うことにしている。高低深浅の差のとてつもなく大きな事は、言わなくても当然にも意識しているのですが。

消費税率のアップをどう乗り超えるか

神野　消費税増税についてですが、これは無償独占にも絡む問題があると思います。消費税の税率が段階的に上がり、将来複数税率が導入された場合、記帳代行事務所の職員はギブアップするのではないかと思われます。

高田　消費税率については三％から五％に上がり、平成二十六年四月から八％となり、二十七年十月から一〇％に段階を経て上げられる予定です。八％の段階では複数税率は導入しない、しかも帳簿方式でやる方針が出ています。消費税率はヨーロッパ等と比べるとわが国は未だ低率ですから、さらに税率を上げる場合には軽減税率を入れると言う国会議員が居られます。その場合、どうするかという問題はあります。しかし、そういった計算処理はソフトウェアでカバーすることになりますので簡単にできる。それでも、物品によってそれらの税率の違いをどうやって認識・判断するかという問題は残る。実務上は、複数税率はやめて単一税率でいくというのが理想です。

　なぜいま軽減税率が言われているかというと、低所得者には負担が大きくなるという懸念です。

まず実務的には、単一税率でシンプルにやる方がベターですね。

神野　我々、一TKC会員会計事務所としては、本気で自計化を進めないと、複数税率になった場合の実務の対応が問題になると危惧しています。記帳代行事務所から職員が離れる時代になると思います。その次に、顧問先が一斉に離れると考えられます。

高田　ある面で言えば、会計事務所が記帳指導をして、初期指導をしっかりやり、自計化を進める時節到来とも言えるのですね。

神野　前提は自計化ですね。それと預かり消費税をしっかり月次で管理する必要がある。つまり、事業所得の計算を月次で正確に行い、しかも消費税の支払いが確保されないといけない。預かり消費税を全部使い切ってしまい、消費税倒産が起きかねません。その責任を感じて職員が悩む事態が十分に考えられます。会計事務所業界がガタガタになる可能性もあると心配しています。

高田　法人はすべて自計化、法人に準ずる規模の個人事業所も全部自計化。国税通則法の改正で、平成二十五年一月から記帳及び帳簿保存の義務が強化されています。消費税率アップを見据えて記帳重視の傾向が明確です。

神野　税理士が使命を果たさないと、この際、税理士以外の業者にも税務・会計処理の仕事をやらせるようになるという話をする方々もいます。

高田　無償独占をなくし、市中の業者での税務計算受託でもいいのではないかという動きがあるということですか。それはいまのところないのでは……。電子申告もある程度は普及しましたし、しかしなお先生方への期待は大きい。それは自計化による、タイムリーな会計情報による経営意思決定支援というニーズに税理士が応えられていないということですか。

神野　そう。自計化をなぜ、真正面から、前向きに受け止めないのか。自計化しなかったら顧問先に対して申し訳ないと同時に、かつて中小企業・零細企業を守るためにＴＫＣは個人事業の一〇〇ヵ月無料化をやりましたね。この三年程度で自計化率は顧問先企業の五〇％にいくでしょうか。

高田　ＴＫＣは全力で自計化をご支援しますが、それは税理士先生の運動しだいです。特に、消費税率が八％になったら、一層、自計化の社会的な機運も高まってくると思います。先ほど仰った消費税を正確に月次ベースで押さえることが重視される。中小会計要領の基本は記帳重視ですから、これを機に、さまざまなセミナーや研修などを通してＴＫＣ方式による自計化を推進していかなければなりません。

神野　平成十三年の税理士法の改正の際に、立法関係者は、「いまのまま電子申告、書面添付を実践しないでぐずぐずしていると、政府はアメリカの要請で無償独占廃止に手を付けるんだ」と言われました。早く法人のすべてが電子申告し、法人の五〇％程度には書面添付がなされているという体制を作らないと危ないと思いますね。

高田　職業会計人の職域防衛、運命打開の観点で、大運動をしていかなければなりません。

神野　職域防衛、運命打開の使命感と情熱は、全体から見ていていかがですか。

高田　草創の先生方もご健在で、中堅、新入会員の先生方も大いに頑張られています。ＴＫＣの会員の先生方が実力をつけてきておられるので、業界全体も前進すると思います。その先頭に立つのが草創の頃に入会された先生方、そしてその息吹を継いで来られた五、六十代の先生方だと思います。

職業会計人の財務処理が収奪されない組織づくり

神野　今日は本当にお忙しい中ありがとうございました。ＴＫＣ創設者である恩師飯塚毅先生の教えを見事に肉体化しておられる。そして、肉体化する虎の巻を大事にしておられる。飯塚先生は「肉体化するまで勉強しなさい」と言っておられましたからね。

高田　私は到底そこまで行っておりません。ただがむしゃらに走ってきただけです。飯塚毅初代会長、共に邁進してこられた飯塚真玄会長からご指導を賜り微力ながら走ってきただけです。私が、いつも深く感服しているのは、手弁当で会務に奔走されてきた草創の会員先生方です。

神野　「現状肯定の上には明日はないんだ」と、いつも恩師飯塚毅先生はおっしゃいましたね。

高田　「常に前を向いて、自己革新・改革していくこと」を諭されました。自分自身に革命を起こしていくということですね。過去に悶々としても帰ってこない。あるのは現在と未来ですからね。

神野　（株）ＴＫＣとＴＫＣ全国会の関係は、同志的結合・血縁集団とずっと標榜してきましたが、今後どういう視点でさらに本物にしていくか。いかがでしょうか。

高田　飯塚毅初代会長は、高額で一人では導入できない大型コンピュータの共同利用という考えをお持ちでしたね。そして、最初から志の高い同志的結合づくりをめざしてこられました。その機縁となったのは、飯塚会長が昭和三十七年にニューヨークで開催された世界会計人会議に出席されたときに、当時全米七千の市中銀行に大型のコンピュータが導入され、職業会計人の財務処理が収奪される状況を目の当たりにされたからです。「日本も早晩そうなるかもわからない」と思って、同志よ来たれと呼びかけられた。当時はまだ税務当局による推計課税が横行していた。これを許さない。そこで、遡及的に、追加、修正、削除を行わないシステムにより、帳簿の正規性を図ろうとされた。実務としては記帳を正確に行い帳簿の証拠力を確保する。そうすることによって税務署と是々非々でやっていける社会をつくろうじゃないかというのが原点だったと思います。そうでないと、税理士の存在理由が問われると思われた。税務当局からの信頼、社会からの信頼を得るということでした。

近時、次に期待されているのは、会計で財務経営力を高め、資金調達を円滑にするという段階です。金融機関からの信頼を高めるということです。当然にも、全国会の事業目的である租税正義の実現と税理士業務の完璧な履行のもと進んでいかれる。そのなかで、職業会計人に対する、企業の期待は、制度会計から管理会計の充実へと変化し、一段と高度になってきているのではないでしょうか。

神野　それをもう一度原点に戻って、ということですね。

高田　ＴＫＣの社員もＴＫＣ会計人の理念が分かる人間をつくっていかなければなりません。そのために、日頃から飯塚毅会長の書籍を熟読玩味するよう努めています。

神野　我々もそういう意味では反省が必要です。

高田　全国会の事業目的は何なのか。それを再度確認することを含めて、飯塚毅初代会長の書籍を熟読玩味する運動が大事になってきていますね。

神野　最後に、原点に戻るという結論が出たと思います。頑張ってまいりますので、今後もご指導お願いします。

高田　ありがとうございました。

（平成二十四年十二月二十八日取材）

第五章

ＴＫＣ創設者　恩師　飯塚毅先生から
「職業会計人は果たして指導者なのか」との檄を飛ばされ
27年間取り組んだ第27回「ＪＰＡ秋季大学」沖縄大会での総括

私たちの事務所では「立派な勤労学徒たれ」というスローガンを体現するイベントとして、例年十月に二泊三日で秋季大学成功事例体験発表会を実施しています。

これは、ＴＫＣの秋季大学を参考に、職員教育の一環として、同時に全員の心の絆を強くするために行っているものです。

今回は沖縄県那覇市で開催した第27回秋季大学で、「巡回監査」「書面添付つき電子申告」「継続ＭＡＳ」「保険指導」「ハッピーエンディング」、そして総務の六つの分科会で研究成果を発表しました。それぞれの分科会のメンバーが壇上に上がり、研究した内容を発表するのです。

これに先んじて、全員参加の一人一研究でエントリーされた二十一人の職員が、自分自身がやり遂げた業務についてそれぞれ全員の前で発表します。困難な事案を上司や同僚の力も借りながら成し遂げた自慢話に、各人が熱弁を振い発表するものです。

その後の、大宴会の席上で最優秀賞はじめ各賞の受賞者に社長から金一封が贈呈され、熱い拍手でたたえられました。大いに学び、大いに楽しむ。これが私どもの事務所のモットーです。

翌日以降は、副社長の故郷である宮古島に移動する予定でしたが、残念ながら日本列島を縦断した台風十七号の直撃を受け、予定を大幅に変更。しかしＪＴＢさんの的確な対処で無駄な時間なく過ごすことができました。全員の絆が一段と深くなったと手ごたえを感じた次第です。

私たちの事務所が秋季大学で培ってきたノウハウを、今こそ発揮する時が来たと強く感じています。職員教育と事務所の経営に活用すべきノウハウを掲載していますので、ぜひ参考にしていただきたいと思います。

一　第27回ＪＰＡ秋季大学　名誉学長の講話

二十一世紀を拓く　ＪＰＡ総研グループの『あるべき未来業務の確立』を目指して!!

―中小企業の経営力強化支援法の制定をビッグチャンスに―

名誉学長　神野宗介

§1．はじめに・・・ＪＰＡ総研グループの我々は強い絆のもと断じて滅びず!!

1―1．楽な道をゆくな！　困難は克服するためにあるのだ!!

1―2．中小企業経営力強化支援法の成立は、チャンスなり!!

1―3．我ら今こそ中小企業家同友会宣言を受け、強い絆のもと断じて滅びずの熱い思いを胸に頑張ろう!!

§2．我々ＪＰＡ総研グループは「業務品質日本一」を目指し、必ず実現する!!

2―1．ＴＫＣ全国会では、ダントツ第一位の総合表彰全国№1を連続して実現した!!
今からは、業務品質日本一を目指し断行する!!

2―2．（社）日本経営士会佐藤敬夫会長から平成二十四年度に於ける「第三回ビジネスイノベーションアワード」に於いて、その選考審査の結果、最上位の表彰対象となり『大賞』に選出された。今後ともビジネスドクターとして本物の中小企業経営力支援集団となったことを、全員心に銘記しよう‼

2―3．業務品質日本一を実現するには全社員幹部を含め、誰にも負けない日本一の努力をして初めて実現するものと再度確認の上、全社員一丸のもと、次の『得意分野ベスト五』を仕事のフィールドとして全力投球で取り組もう‼

第一．税理士法第三三条の二の書面添付つき電子申告で、税務調査立会不要の高品質税務監査業務の実践で、申告是認率九九・五％を達成した。次は、悲願四十五年の九九・九％を目指そう‼

第二．顧問先社長とじっくり取り組む、決算予測会議から戦略経営会議の導入指導により、全社員を巻き込んだ本物の経営計画書の作成と実践により、黒字会社七〇％超を実現した。次は、八〇％を目指そう‼

第三．ハッピーな老後を実現すべく、介護状態になる前に遺族に尊敬される相続対策として、全ての顧問先の社長、役員、スタッフの方々に、専売特許「登録済商標権」である「ハッピーエンディングノート」の作成支援を例外なく実践断行する‼

第四．資産運用と税金対策について、当社四十五年の経験と実績を誇るベテラン税理士十五名による個人の所有財産の有効活用と資産税即ち、相続、贈与、譲渡に関する節税対策指導を実施、安心と信頼の社会的存在の節税のプロ集団になろう!!

第五．事業承継、後継者対策支援業務を親身の当事者として、先代と二代目、三代目の社長の立場に立って事業の円滑な承継、立案指導で本物の後継者塾の開設による育成指導と共に、相続税のタックスプランを懇切丁寧な支援で実践断行する!!

§3．ＪＰＡ総研グループの集団を支える幹部社員の心構えは、「社員の誓い」そのものにあるが、社内に於いて自らに宣言し、自他共に豊かになる具体的な決意は、次の「三大決意宣言!!」から実行する!!

第一の決意：顧問先は己自身であるとの熱い思いで取り組む!!

第二の決意：一生勤労学徒である自分にその成長と成熟を誓おう!!

第三の決意：年中無休の二十四時間受付体制で顧問先に応えるグループづくりを今後とも強化し実践断行する!!

§4．おわりに・・・秋季大学第27回沖縄の地での開校で、過去の集大成内容とすべく、あるべき「二十一世紀型事務所の成長戦略」ビジネスキーワードを確認し、これに挑戦する勤労学徒たらん!!

4―1．JPA総研グループの明確な目標と理念を共有し「業界日本一」の業務品質対応型業務内容を確立しよう‼

4―2．JPA総研グループの担い手として、高い志とプライドを持って取り組むサービスと商品の共有をもとに『より添い士（ザムライ）業』の実現へ向け実践断行しよう‼

4―3．創業四十五周年の歴史と伝統と実績に恥じない、二十一世紀をリードする、あるべき専門家集団のトップを走るフロントランナーとしての自覚と認識のもとプライドアンドメリットを実践する志をもった立派な日本人『勤労学徒』を目指そう‼

二　成功体験及び分科会の発表に対する名誉学長の総括と講評

分科会の発表並びに成功体験発表、大変ご苦労様でした。講評するために書いたメモが用紙に書ききれないくらいありました。

まず、立派の一語に尽きます。

私たち職業会計人の中でこういう秋季大学をやっている事務所があるのか、ないのかわかりませんが、秋季大学を目指してこれだけ業務に専念、全力投球し、実践会計に取り組み、「今度こそ私が優勝するぞ」という叡智の塊のような分科会、成功体験は、我が社の宝物です。

名誉学長として、今日は第二十七回を迎え、つくづくそう感じました。

「秋季大学をやって本当に効果があるのか」と、始めた当時は他の税理士さんに言われたものです。ＴＫＣの秋季大学に参加してから私はずっと考えていました。そして秋季大学の開催を決め今日まできました。本当にやってきてよかったなと思います。

意志がないところに行動はなく、行動がなければ何も変わりません。行動は習慣を作り、習慣は人格を磨き、人格は運命を形成する、という掟があります。

私は秋季大学を開催する意志を持ちました。そして行動しました。本当によかったと実感しているところであります。

皆さんに、税理士法人日本パートナー会計事務所の「全国会計事務所一〇〇選」の案内を紹介しました。まさに私たちの仕事のフィールドは、税理士法第三三条の二の規定による書面添付つき電子申告で税務調査立ち会い不要の高品質業務の提供体制に入っています。

単に申告をするだけならコンピュータでなくていいのです。問題は品質、中身であり、あとは日本一の業務品質内容に引き上げることです。その中身とは、税理士法第一条をまっとうすることです。

書面添付を本物にする継続ＭＡＳ指導。そして継続ＭＡＳ指導による書面添付の実践で社長の心の中に安心・安全が生まれます。書面添付は有料が当たり前、そして、顧問先の社長から煩わしさを払拭していただき、黒字会社作りに全力投球できる体制を作ることです。

先ほど、二本松の松本君から「これからも私は社長に寄り添って、悩みや苦しみ、事務所に対する要求を聞いて全力で取り組みたい」という心強い話がありました。

まさに、私たちの第一番目の得意分野である書面添付つき電子申告と決算予測会議からの戦略経営会議導入指導、社員を巻き込んだ経営計画書の作成、その実践努力の結果によって、平成二十四年六月現在、黒字会社比率七〇％超を実現しているところです。

そしてもう一つは、ハッピーな老後を実現する、遺族に尊敬され、介護状態になる前の相続対策として、顧問先の社長、役員、スタッフの方々に、私たちの専売特許（特許庁に登録済み）であるハッピーエンディングノートの作成支援を実践して参ります。

以上の三点セット、黒字化、税務調査立ち会い不要の高品質税務申告業務、ハッピーエンディングノート作成業務が、今回の秋季大学での分科会から成功体験を通して色濃く、充実した、そしてまた成熟した私たちの業務の中身が表れたと思います。心から嬉しく、感謝と敬意を表して講評に代えたいと思います。

三　我が社を代表する表彰職員の成功体験発表

（1）戦略経営支援を起点とする黒字化とワンストップサービスの実践

横浜支社　三田将之

一　はじめに

二年前に新規の関与先となった繊維卸売業のＡ社。設立して三八期、赤字を出したことがなかったが、近年の低価格ファッションブランドの台頭や、小売店の業績悪化・倒産に伴い売上が激減。初めて赤字決算となってしまった。代表者が非常に危機感をもっていたため、新規の顧問契約と同時に戦略経営支援を提案、導入し抜本的な改革を図ることになった。

二　経営計画策定により経費の削減計画を立案

新しい事業年度を迎えるにあたり、まず継続ＭＡＳシステムを用い単年度の経営計画を策定した。現状の経費の状況や今後の売上の予測を代表者とともに話し合い、その中で経費の徹底的な見直しが必要であると判断、役員報酬や在籍期間の長い責任者クラスの給与の抜本的見直しから、コピー代金やお茶代など細かい部分まで幅広く一つ一つの費目の中身を精査し、不要なもの・見直せるものを洗い出し、また、今までとは違う地域への営業経費、具体的には新規の展示会の開催費用等は逆に増加させ売上を伸ばすよう、科目ごとに細かな計画を立てた。

三　業績検討会により予実管理を徹底・社内会議の開催をアドバイス

実践状況を細かくチェックし、代表者に報告・指導を行いたかったため上長同行により隔月で業績検討会を開催。前月までの業績を細かく報告するとともに、計画通りに実践できている科目・できていない科目を洗い出し、できていない科目については原因を追及、その都度どうすれば計画数値に近づくのかをアドバイスしていった。業績検討会は非常に喜んでもらえ、代表者から「本当に分かりやすくてありがたい」と言って頂くことができた。

また、A社は営業部門とデザイナー部門に分かれており、そのコミュニケーション不足を解消するために社内会議の開催を提案。現在定期的に会議を開き、予算達成へ向けての意思統一や戦略を話し合っている。今後はこの会議に自分も積極的に参加し目標設定等の研修をおこなっていきたい。

四　決算検討会による決算業績予測、保険指導、有料書面添付作成

上記の業績検討会による予実管理を続けていった結果、売上高は当初の見込みより大きく落ち込むことなく、また大きな修繕等があったにもかかわらず給与を含む年間固定費三〇〇〇万の圧縮に成功、無事に黒字化となった。そして決算検討会の中で保険の現在の加入状況を確認したところ、代表者の保障が充足していなかったため、松井専務に相談、最適なプランを一緒に考えて

いただき節税と退職金準備を兼ねた逓増定期保険を提案。理解し、加入していただいた。

また、過去何度も税務調査が入っていたため、税務調査対策として書面添付の制度内容やメリット、記載する内容を丁寧に説明したところ、非常に興味を持っていただき、当期より有料での書面添付を導入した。

五　事業承継・ハッピーエンディング支援

Ａ社は代表者が六五歳と高齢であり、事業承継に関する話題もたびたび業績検討会の中で出ていた。まず株価が非常に高いと見込まれたため、株価評価を提案・受注し、実際の株価を見てもらい、退職時期や事業承継時の株の譲渡、後継者の指名時期や育成方法についてアドバイスを行った。

また、代表者には子供がいないため遺言書も受託。配偶者に出来る限り財産を残せるよう指導を行った。さらに就業規則・給与規定が設立当初のままであったことから、次の後継者のために現行の法律に沿った形の再作成を現在行っている。

六　おわりに

今回強く感じたのは、戦略経営支援により、企業の問題点や課題を的確に抽出することができ、経営者が会社や自身の今後をしっかりと考え正しい方向性に向かうことができるということ。また、戦略経営支援をスタート地点として「保険指導・有料書面添付・株価評価・遺言書・就業規則」といった税理士法人やＪＰＡ国際コンサルタンツ・行政書士法人・社労士法人と一体となったワンストップサービスが実現可能ということである。

今後は全ての関与先にこのようなワンストップサービス型の指導ができるよう努力していきたい。

（2）継続ＭＡＳと書面添付つき電子申告で関与先の完全防衛

渋谷支社　野田洋介

一　はじめに

関与先に実施している決算予測検討会は関与先を支援するうえで重要な役割を果たしています。その中で決算予測検討会を通じての損益、税務、資金繰りの支援及び決算予測検討会を切り口とした提案業務による関与先防衛について発表します。

二　法人・社長個人の決算予測、納税予測

決算予測検討会においては、過去の実績や予算を基に現状を分析し現場レベルで決算までの見通しを社長とともに見極め当期の着地点を検討し納税予測を行います。その際に関与先の課題点・問題点を抽出し当期だけでなく翌期につながる検討を行います。

決算予測の際の納税予測は中小企業においては法人だけの予測では足りないように考えられます。法人の資金繰りを考えるには社長個人の資金繰りも必須となってきます。そこで、現状の社長の役員報酬及びその他の所得における社長個人の納税額も算定します。ある関与先においては、

所得税のみならず住民税、社会保険料から保育料・児童手当（お子様がいらっしゃるため）など社長の所得と関係・連動するすべての租税・公課の見込み額を算定し社長個人の資金繰りに関する不安を取り除くべく努めました。

法人・個人の決算・納税予測を行うことにより法人・個人を問わず社長の本音や悩みが見出せ決算に向けて、また翌期に向けての具体的な行動計画を立てることができました。

三　改善・決算対策

二により決算予測を行い、問題・課題点を抽出することにより必然の結果として決算までの対策や黒字決算に至るための必要な行動計画が生まれてきます。行動計画については達成状況を確認できるようにチェックリストを作成します。

ある関与先においては、納税負担を軽減すべく決算対策が必要でした。決算までの行動計画を達成するためには、計画を立てたあとのフォローアップが必要であり、計画の立てっぱなしにならないようにしなければならないと考えました。社長自身は多忙のため行動計画の漏れがないように、決算予測検討会後、巡回監査以外で四、五回訪問し作成したチェックリストの達成状況を確認しました。金額の大きな節税対策から細かい備品の購入、広告宣伝に至るまで確認していきました。その結果決算予測とほぼ相違ない決算・納税に至り非常に満足を得ることができました。

四　企業防衛・生活防衛

決算予測検討会において法人の決算・資金繰りから社長個人の資金繰りや納税予測を検討・支援することにより法人のリスクを回避すべく企業防衛はもちろん社長やその親族の生活防衛を提案することができ、付保することができました。中小企業においては、法人と社長個人は一体であり法人の企業防衛はさることながら、社長自身の生活防衛のため社長個人の納税や住宅ローンの返済計画などのヒアリングも必ず必要となってきます。決算予測検討会において法人・個人ともに支援することにより関与先の満足のいく保険指導を行うことができました。

五　有料書面添付

昨年の秋季大学でも発表させていただいた有料書面添付ですが多くの関与先の導入のきっかけは決算予測検討会でありました。決算予測検討会での主たる目的は関与先の不安を取り除くことにあるように感じます。その中で書面添付は申告是認体制を確立し税務上の不安を退け関与先の経営者が経営に専念していただくべく重要な役割を果たしています。

決算予測検討会においては決算までの見通しだけでなく現状の問題や数値の原因分析も行っていきます。それを税務上の面で形にできるのは書面添付のほかありません。決算予測検討会という場を通じて書面添付制度の目的や内容、メリットを関与先に伝えることにより関与先を防衛すべく書面添付の有料化を提案でき、有料ということについても例外なく納得いただけたように思えます。

六　有料継続ＭＡＳ

　決算予測検討会自体が継続ＭＡＳの一環であり現場レベルで問題を抽出し、経営戦略会議を行っていく発端でもあるように感じます。有料継続ＭＡＳはこのような体制を毎月構築できる絶好の場であり関与先には必須のもののように感じます。関与先自身も二に記載した決算予測検討会を通じて必要であることを実感できると思います。実際に決算予測検討会により有料継続ＭＡＳを提案し成約に至りました。実施後も戦略経営支援の内容が毎月のＭＡＳ監査、会議を通じて内容が充実し関与先の黒字化支援・防衛につながっていきました。

七　最後に

　決算予測検討会は関与先を防衛すべく黒字化支援や業績改善、我々の提案業務のきっかけになるものであると多くの関与先を通じて私自身振り返って実感できましたので今回発表させていただきました。

　今後とも決算予測検討会は全関与先に例外なく実施し関与先の防衛・永続的発展の発端となるべく内容充実を心掛けていきます。

（3）黒字決算…五年目の悲願達成

郡山支社　増子仁子

概要　有限会社Ｓ食品　資本金三〇〇〇万円　社長（六五歳）　奥様（六一歳）
食料品小売業　赤字続。
三・一一の東日本大震災後、大手ＦＣ社より仮設店舗の話があり、紆余曲折をへて大手ＦＣ社と提携し二十三年十一月二十五日よりコンビニエンスストアとしてリニューアルオープン。大手ＦＣ社予想以上の業績を上げ、来年度の契約も確約された。

天が味方した話

㈲Ｓ食品は、長年赤字続きでした。開業当初は、売り上げも順調で奥様は宝石やら贅沢品を買いまくっていたようです。

しかし、バブルがはじけ努力しないものは消えてゆく時代になり…。赤字決算が続きました。うちの事務所的にも責任が無いわけではありません。ＭＡＳ監査という観念が無かったのだと思います。

三・一一の東日本大震災は、東京電力の原子力発電所の事故を誘発し、多大な被害を福島県に与えました。いまだに、その傷は癒えるものではありません。

一見、不幸の連続に見える一連の流れ全てが、我が㈲S社にとって必要悪だったと考えます。奥様が、景気が良いときに購入していた贅沢品は不況時に会社を支える資金源になりました。会計事務所は、MAS監査という概念を確立しました。そして、三・一一の東日本大震災は大手FC社との提携をもたらしてくれました。

コンビニエンスストアとしてオープンするまで

天が味方したと言いましたが、全ては苦しい時期も頑張って生き残ってきたからです。大手FC社から話があったのは、東日本大震災で住居を追われた人々を受け入れる為の仮設住宅が、すぐ傍に建設された事が大きな理由でした。そこに店があったから、大手FC社が社会貢献的意味合いにより、採算を度外視した条件を提示してくれたのです。

しかし、食品小売業をしていたときに比べ社長、奥様に係る負担は多大なものになる為迷われていました。

そこで、㈲S社にとっても大手FC社にとっても幸運だったのは、我が事務所が関与していた事です。

大手FC社と連携して事業を展開されている会社様を顧問していたので内情を多少なりとも把握していました。社長・奥様は不安でいっぱいらしく、大手FC社との話し合いの場には同席を希望され、まるで私が契約者のごとく話を聞き説明会にも同席しました。年齢的なことを考えれば、かなり厳しいとは思いましたが、どうしても㈲Ｓ社を黒字にする為には、必要不可欠かつ未曾有のチャンスだと思いました。そこで、社長・奥様に大手ＦＣ社の通訳のように、いかに採算の取れる破格の条件を提示されているかを継続ＭＡＳシステムで試算して、提携をお薦めしました。

決断できずにいるお二人に「今のままでは先が見えない」など、失礼な事も申しました。

結果、社長・奥様が今一度頑張ってみようとコンビニエンスストアの経営を決断されました。

小売店を閉め、コンビニエンスストア開店まで、店舗の改装をしている間、社長・奥様は研修漬けの日々を送られました。後日、今まで生きてきた中で、一番勉強したかも…などと笑っておられました。

悲願の黒字決算

一灯を灯して暗夜を行く状況から、夜明けが来ました。

コンビニエンスストアとしてリニューアルオープン後、阿部次長の力をお借りし有料継続ＭＡＳ契約を成約しました。社長・奥様を励まし、勇気づける継続ＭＡＳの効果と、社長・奥様の頑張りにより業績は、うなぎ上りです。

継続ＭＡＳによる予想も、大手ＦＣ社の予想も超える業績により、当期は私が担当してはじめて、黒字決算となります。毎年、年賀状に「今年こそ黒字決算にしましょう」と書き続けていた夢が叶います。

今後の課題

大手ＦＣ社との契約は、本来であれば十五年ですが、仮設店舗というＦＣ社でも初めての試みであるため、一年契約です。大手ＦＣ社の担当者も驚くほどの業績を上げる事ができましたので、次の一年は契約を更新できますが、その次の契約更新の保障がありません。

契約を更新出来ているうちに、黒字経営体質を作り上げていきたいと考えております。

（4）～震災をチャンスに変えた戦略経営支援～

郡山支社　神　通浩

一　企業概要

株式会社　L社

事業内容：通所介護事業

年　　商：五五〇〇万円　従業員一五名

所 在 地：福島県郡山市　事業年度：六月一日～五月三十一日

概　　要：現在、設立六期目、老人デイサービスを中心に三施設運営。毎期、黒字決算で平成二十四年五月期の決算では、売上は前年比一五〇％となり、順調に売上を伸ばしております。

関与状況：関与年数五年

月額顧問料五万八八〇〇円（レンタル料込）、戦略経営支援二万一〇〇〇円

二　業績

第三期売上高　二九、一一八千円
第四期売上高　三七、六四八千円
第五期売上高　五五、四二八千円

三　戦略経営支援

平成二十三年一月より、戦略経営支援を導入し、様々な対応をしてきました。その中で、東日本大震災後、国や県、市の地震や原発事故の被害に対して企業を救済する為、復興支援策が施され、情報をまとめ、L社に提案しました。L社は、労働集約型産業の為、人材の雇用が最大の課題です。以下、L社と共に行い、決定した復興支援策です。

①雇用促進税制

平成二十四年五月期の決算にて、雇用促進税制を活用し、法人税が三万七一八八円減税となりました。

②郡山市中小企業融資制度

郡山市の融資制度を活用し、保証料補助一三万四八五五円、七年間の金利全額補助

③被災者雇用開発助成金

東日本大震災後、被災者を雇い入れ、九〇万円支給決定・支給されました。

④がんばろう福島の企業！産業復旧・復興事業（成長産業振興事業）

福島県の委託事業で、東日本大震災からの復旧・復興へ向け、人材確保支援及び企業に人材教育を委託するものです。委託業務委託料三一七万七五円決定・支給されました。

⑤地域雇用再生・創出モデル事業

こちらも福島県の委託事業で、被災求職者の雇用創出及び若者・女性・高齢者等が活躍できるような雇用面でのモデル性がある事業を公募し、委託するものです。三年間の委託事業費総額約一億六千万円決定しました。

この中でも④と⑤は、委託事業の内容を社長や施設長と一緒に考え、何回も足を運び、夜遅くまで、かかって仕上げました。決定したと通知が届いた時は、自分のことのように嬉しかったです。

四　最後に

戦略経営支援は、企業の発展に欠かせないものです。今回の復興支援策の支援を通して、会計事務所の役割がいかに大切かを強く実感しました。復興支援の情報があっても、その情報を活用できるかどうかは会計事務所の支援が必要不可欠です。

L社では、社員全員で介護を利用する方々の為に、精一杯努力され、業績を伸ばしてきました。今回の復興支援策が決定・支給されたことで、夏期・冬期賞与の他に、平成二十四年六月に決算賞与が全体で一八〇〇千円支給されました。また、一億六〇〇〇万円の復興支援策が決定されたことで、サービス付き高齢者向け住宅を来年四月にオープンします。東京にもデイサービスとフィットネスを立ち上げ、今年一〇月にオープンする予定です。他にも入所施設や病院と介護施設の一体化計画も進行中です。

戦略経営支援を導入して一年半が経過し、関与先に結果で示すことができたことで、平成二十四年七月より戦略経営支援料二万一〇〇〇円増額し、四万二〇〇〇円となりました。

現在、戦略経営支援をＬ社も合わせて四社行っておりますが、関与先の永続発展の為に、死力を尽くして臨んでいきます。

（5）戦略経営支援の効果測定

吉祥寺支社　小暮高史

一　はじめに

戦略経営支援に取り組み始めて、約四年が経ちました。当初は、担当件数も十件程度、戦略経営支援も一件でしたが、現在は、担当件数二一件、戦略経営支援は四件となりました。今回の発表は、この四年間を振り返り、顧問先の業績や様子がどのように変化し、顧問料がどれだけ上がってきたか、自身の業務内容も踏まえて振り返ります。

二　顧問先の業績・社内の様子

戦略経営支援の内容は、従業員を巻き込んだ業績検討会・会議支援を行っております。その中でも、今回は二社について、発表致します。

①平成二十一年に秋季大学で発表した受託開発ソフトウェア業E社

導入直前は、従業員の会社に対する意識の低さがあり、向いている方向もバラバラでした。社内会議も従業員が自分の意見を言わず、社長が従業員と面談しているような感じの会議であったと聞いております。当時の売上は三〇〇〇万円、役員報酬は月額六五万円であったところが、導入した年に売上前年対比一六七・八％を計上して以来、毎年約一四〇％ずつ伸び続け、前期の売上が一億一四〇〇万円、役員報酬が月額一二〇万円となり、従業員数も六名から三二名と増加しました。経営計画に基づき、着実に実行・行動しており、従業員も会社の方針を良く理解し、進行期も売上前年対比一四二％と順調に伸び続けております。また、組織体制や社内会議、研修制度も充実し始め、現在では、従業員が積極的に業績・業務改善に取り組むようになってまいりました。

②平成二十三年に秋季大学で発表した寿司店S社

取組み開始直後は、突然の世代交代、滞納税金や仕入先への残債、約四二〇万円。売上も一〇年前の六〇〇〇万円から前期三〇〇〇万円へと減少。それを知った後継者の息子は、このまま店を潰してしまおうと考えておりました。また、現金商売の為、資金繰りも非常に苦しい局面となっておりました。導入後（一〇月決算で、平成二十三年十一月より導入しているため、当期決算額が出ておりませんが）今年の七月時点で、売上が三七〇〇万円で前年対比一四一％の推移、根本的な財務体質改善や企業風土改善に取り組み、前期までの約三年間、毎年四〇〇万円近くの赤字を出していたところ、今年の七月時点で約五五〇万円の黒字、滞納税金等も約二〇〇万円まで減少し、翌期で完済の目途が立つところまで減少してまいりました。従業員二名も会議に積極的に参加し、「どうして今それを行う必要があるのか」ということが理解できてきているため、忙しい割に給料が低いなどの不満も減ってきているようです。

二社に共通していることは、社長の夢や目標、モチベーションと従業員の意見や気持ちのベクトルを合わせることにより規模拡大や業績改善に繋がっていると感じます。従業員からすれば、「業績が良かろうが悪かろうが、忙しくなくても給料はもらえるもの」という考えの払拭を会議で行い、また、社内会議では言えない、言いづらいことを、第三者が入る業績検討会で吸い上げ、社長への刺激を与える。ということを意識し、支援しております。当然ですが、戦略経営支援先においては、社長とも、全従業員とも信頼関係を築くことを意識し、関与先にとって、誰よりも近い親身の相談相手として行動することを心掛けております。

三　顧問料等の増収と自身の業務内容

戦略経営支援導入時の支援料ですが、導入時はお試しで毎月一万円という顧問先が二件含まれておりますので、四社で一〇万円。約三ヵ月後の初回会議開催時に継続する場合は正規の三万円に増額しておりますので、現在は一四万円となっております。その後、戦略経営支援による規模拡大や業績改善の評価を頂き、第四六期から第四七期までに顧問料改定で六万円、決算料や法定調書のスポット値上げで一一万円の増収となりました。年間二五一万円の増収です。その結果、月次顧問料等収入が一〇〇万円となりました。今後も、規模拡大が見込まれますので、顧問料改定、決算料改定、保険指導収入など、顧問先の永続的発展の中に、まだまだ増収の余地が含まれております。

では、実際の業務内容ですが、業績検討会を行う月は、毎回一二時を過ぎるまで、資料作成や当日の進行を真剣に考えております。監査や決算が多い月に、検討会が二件以上重なる月は、連日連夜、夜中の一二時を過ぎ二時、三時まで、エンドレスで改善策や業績改善のヒントを考えるときもあります。なおかつ、顧問先とコミュニケーションをとるために、関与先で話をしている時間も、以前より増えました。巡回監査時の社長との話や従業員とのコミュニケーションをヒントに、その時必要な内容を必死になって考え、関与先にとって今、何が必要で、何が足りないのか。社長の五年後のビジョンを見据え、どのような内容で進行したら良いのかを、開催直前まで考え続けております。社長と真正面から向き合って、決して逃げずに、関与していくことで、関与先にとって、ようやく親身の相談相手となることが出来ると感じております。今、二社はどんな些細な問題であろうと、すぐに相談の連絡をしてくれる人間関係を築けております。

四　まとめ

今、金融円滑化法の最終期限が近づく中で求められていることは、社長自らが経営状況や資金繰りの説明ができ、課題把握に努め、解決していくという、財務経営力です。我々職業会計人が、財務経営力の指導を行うことが不可欠となった今、戦略経営支援による会議支援を行っていれば、その全てを賄うことが出来ます。今こそ、顧問先に必要なのは、戦略経営支援です。さらに、顧問料増収戦略として、単月黒字に寄与することが出来ます。これからも、関与先の状況から決して目をそむけずに、正面を向いて、顧問先を黒字にし、永続的企業の発展に寄与できるよう、全力を尽くしてまいります。

（６）「５Ｓと文書管理」

本部　齋藤真理子

はじめに

「５Ｓ」は、立派な経営哲学と言われるように、業務の正確・的確な遂行、現場の活性化はもとより、現場の体質改善、ひいては企業革新の根幹を成すものです。

お客様がオフィスに足を踏み入れた時、明るい挨拶とともに、良く整備された環境を目にするのと、そうでないのとは、評価に雲泥の差があるでしょう。

５Ｓ活動は、製造業など生産現場だけではなく、私たちの事務所や倉庫など、あらゆる部門で「業務を効率的に遂行する」為に、「お客様の信頼を得る」為に必要です。

私は、職場の一員として、職場環境の維持改善に努力してきました。

内容

５Ｓに基づいた業務管理を５Ｓ管理・５Ｓ活動と呼びます。

①文書整理の基本は、「捨てること」

【私のこだわり】☞ 一年スパンで引き出し、ロッカー等中身のすべてを確認する。

②書類を捨てる基準は、「重要度」と「データの有無」

書類を捨てられない人の多くは、『捨てた後に必要になったらどうしよう』と不安になるから捨てられないのではないでしょうか？

極端なところ、元データがあれば、躊躇することなく捨ててしまうのです。

【私のこだわり】☞ 書類の重要度を常に考える。

③ファイリングのカギは、デジタルとアナログの融合

文書管理のデジタル化が、どんなに進んでも、世の中に紙が存在する限り、職場から紙は無くならないでしょう。保存期間・保存方法・用途を考えれば、デジタル保存が良いのか？アナログ保存が良いのか？自ずと見えてくるはずです。

【デジタルにおいて～私のこだわり】☞ ＰＣのデスクト

- ・整理（Seiri） → 要らないものを捨てる。
- ・整頓（Seiton） → 決められたものを決められた場所に置き、いつでも取り出せる状態にしておく。
- ・清掃（Seisou） → 常に掃除をして、職場を清潔に保つ。
- ・清潔（Seiketsu） → ３Ｓ（整理・整頓・清掃）を維持する。
- ・躾（Shitsuke） → 決められたルール・手順を正しく守る習慣をつける。

ップには、一〇個以上貼り付けない。

【アナログにおいて～私のこだわり】☞退社時、仕掛や進行中の仕事は机上に置かず引き出しにしまう。

④ファイリングは、限りなくシンプルに

文書整理は、趣味ではなく仕事ですから、文具・ツールに頼りすぎ、凝りすぎるのも考えものです。ファイリングには、手間と時間をかけないことが大切だと思います。単純だからこそ、すぐに実行できることを心がけてきました。

【私のこだわり】☞　ファイルの数をやたらに増やさない。

おわりに

５Ｓ自体による効果は、職場環境の美化、職員のモラル向上等が挙げられます。

５Ｓの徹底により得られる間接的な効果として、業務の効率化、文書紛失のリスク回避、不具合流出の未然防止などが挙げられるでしょう。

「机の上や引き出しをはじめ、個人で所有するファイルであっても、仕事に関係のあるものは、基本的にすべて会社のものであり、社内で共有する」という認識を、今よりも更に強く持つべきだと思います。そして、社員のモチベーションがＵＰし、お客様へのサービスのＵＰに繋がると信じて、これからも常に５Ｓを意識した行動をしていきたいと思います。

四　ＪＰＡ総研グループ「業務維新」へ向けた分科会の成果発表

第一分科会

巡回監査、決算監査のレベルアップを目指して

―自計化指導の徹底、四十日決算の一〇〇％実現―

一、巡回監査の意義

巡回監査とは、関与先企業を毎月及び期末決算時に巡回し、会計資料並びに会計記録の適法性、正確性及び適時性を確保するため、会計事実の真実性、実在性、網羅性を確かめ、かつ指導することです。

すなわち巡回監査の意義とは

- 適時性を備えた会計情報の提供
- 経営者による恣意的利益操作の防止
- 監査担当者と経理担当者の分離による現金監査の不正防止

特に現金監査は重要です。脱税や横領等の不正行為は、現金管理がずさんな企業に多いからです。したがって初期指導の段階で徹底的に現金管理に関する指導を行うべきです。

二、巡回監査の必要性

職業会計人は、独立した公正な立場で、関与先企業に法令に基づく適正な納税の実施を指導し、租税正義の実現を図るという使命を果たさなければなりません。そのためには巡回監査の実施が不可欠です。

具体的には、次の四点に絞られます。

（1）税理士業務の完璧な履行のため……「真正の事実」と「相当注意義務」
（2）税務当局の是認義務……帳簿の証拠能力の保持
（3）関与先への会計指導と経理担当者の育成のため
（4）関与先への経営助言のため

三、巡回監査の目的

（1）「帳簿の証拠能力」の確保
（2）「法的防衛」の実現
（3）「適正申告」の実現

税理士法等の要請に基づく巡回監査

（４）「黒字決算」の実現
（５）「企業再生」の実現
――黒字決算実現を支援するための巡回監査

巡回監査の意義、必要性を踏まえ、右記のような巡回監査の目的を遂行するためには、自計化（ＦＸ２の導入）が必要不可欠です。

四、自計化（ＦＸ２導入）のメリット

（１）会計事務所のメリット

①法令完全準拠（コンプライアンス）

ＦＸ２は、会社法、法人税法、消費税法、電子帳簿保存法、その他の会計法令に完全準拠したシステムとして設計されているため、法令に基づく正規の会計帳簿等の作成を支援できる

②遡及して訂正ができないこと

関与先が勝手に過去の仕訳を訂正、削除できないため、帳簿及び決算書に信頼性をもたせることができる

③監査時間の短縮が計れる

関与先自身に入力してもらうことで、監査時間の短縮を計ることができ、社長への報告、

提案の時間を確保できる

④ さまざまな帳票の出力が可能

資金繰り表や利益管理表など関与先のニーズに応じた帳票を出力することができる

（２） 関与先のメリット

① タイムリーな業績の把握

関与先に会計ソフトを導入しているため、常に最新の業績を経営者が把握することができる

② 経理担当者のレベルアップ

関与先自身で伝票を起票することができる

③ 部門別による業績管理

部門別、科目別に業績管理できるため、経営に役立つ情報を提供することができる

赤字企業を黒字企業に転換させると同時に、適正な税務申告を図るためには、自計化を行ったうえで、巡回監査を実施することが必要不可欠です。

五、初期指導の必要性

適切な経理体制の整備は、会計事務所による密度の高い巡回監査業務（税務監査や経営助言指

導）の実施や決算業務の円滑な推進のためのみならず、企業の健全な発展に不可欠です。

私たちが、職業会計人として独立性を堅持して業務を遂行していくには、客観的判断の持ち主であると同時に、特別な利害関係のない立場で関与先企業等に接することが重要です。士業としてのプライドを持って、毅然とした態度で手厳しく接するべきです。

初期指導をするうえで重要なのは、会計事務所と関与先の業務をきちんと分け、社長と経理担当者にしっかりと理解させ、入力の手助けは一切行わないことです。その際には、経理担当者に宿題を出し次回訪問時までにその入力がしっかりとできていたならば、必ず褒めて経理担当者のモチベーションを高めることが大切です。

六、関与先別の対応

(1) 記帳代行先への指導

自計化には、前述のように、会計事務所及び関与先双方にメリットがあります。

中小企業の黒字経営支援が、私たちの使命ですが、黒字経営支援の大前提として、自計化があることはいうまでもありません。自計化の重要性、必要性を関与先に説明し、黒字経営支援を強く思い、情熱をもって行動し、それをやり続けることが重要です。

また、小規模企業向けに会計、給与、請求事務をパッケージ化した「e21まいスター」が開発されており、e21まいスターは、パソコンに不慣れな人でも、簡単に利用でき、「中小企業の会計に関する基本要領（中小会計要領）」に完全対応しています。

関与先の規模に応じて、ＦＸ２、ｅ21まいスターを使い分け、自計化を推進し、記帳代行からの脱却を図ります。

（２）新規関与先への指導

現在、パートナー会計事務所では新規関与先は自計化が前提となっているため、初期指導は次の「七、円滑な初期指導のために」の手順を踏んで進めていきます。

七、円滑な初期指導のために

今現在どれだけ利益があるのかわからない、利益が出ているのに資金がない等、社長は様々な悩みを抱えています。社長を巻き込むことにより、経理担当者に依頼でき、円滑な初期指導が可能になります。

事前準備で使用する「一般法務事項チェックリスト」、「初期経理指導事前チェックリスト」を添付しておりますので、ご活用ください。

事前準備

①　一般法務事項チェックリスト

②初期経理指導事前チェックリスト

③すぐに役立つ伝票入力の実用百科（ＴＫＣの科目配置基準の徹底）

　　←効率的な初期指導が可能となる

　　　←短期間での巡回監査体制が可能となる

八、巡回監査支援システムを活用

税理士法三十三条の二第一項に規定する添付書面の記載事項は、巡回監査時に収集、確認、整理した事項が基となります。

つまり、書面添付の品質を高めるには、いかに巡回監査の品質を高めるかが重要になります。

『巡回監査報告書（含、決算監査事務報告書）』の徹底活用

←巡回監査の品質向上（監査項目に基づいた巡回監査）

←書面添付の質的向上（巡回監査に基づいた書面添付への記載）

★これまでの巡回監査の課題

× 監査担当者によって監査方法がまちまちである

× 新人の育成に時間がかかる

× 監査担当者が何をどこまで監査したかがわかりにくい

× 関与先は、巡回監査担当者の巡回監査内容がわかりにくい

× 巡回監査がそのまま書面添付につながりにくい

× 経理担当者に口頭で修正依頼をしていたため、同じ間違いを繰り返してしまう

☆巡回監査支援システムを活用した問題解決

○ 巡回監査の標準化を実現！

○ 新人の教育ツールとしても最適！

○ 漏れのない正確な報告書が作成可能！

○ 事務所の業務（サービス）の見える化を実現！

○ 巡回監査から書面添付まで一気通貫！

○ 仕訳の間違いをレポートし、経理担当者自身に修正してもらうため、間違いが是正され、経理担当者のレベルアップにつながる

九．まとめ

関与先の社長を巻き込んでの初期指導や記帳代行業務からの脱却により、盤石の体制をつくることが、すべての始まりとなっています。

巡回監査、決算監査のレベルアップを目指すには、自計化指導の徹底が必要不可欠であり、それにより、四十日決算の一〇〇％実現も可能となります。

自計化指導の徹底、現金管理の徹底により書面添付の実施先が増え、そして巡回監査報告書の徹底活用により、書面添付の精度を高め、さらにデータ処理実績証明書等で、事務所を完全防衛することができます。

書面添付業務は、月次巡回監査時に収集、確認、整理した資料により大半が完成するものであるため、決算業務ではなく、まさに巡回監査業務そのものです。巡回監査業務の積み重ねが、書面添付の充実に繋がるのです。

そのための最適なツールが、巡回監査支援システムです。

巡回監査支援システムを使用すると、煩雑で、時間がかかるという意見もありますが、それはシステムに不慣れなためです。システムに慣れさえすれば、時間も短縮できます。

システムを活用することで、関与先の経理担当者のレベルアップも図れます。また、新人の監査担当者の教育ツールとしても使えるため、巡回監査業務の標準化も実現できます。

要注意科目の抽出条件も個別に設定できるため、設定した科目及び取引金額により抽出された項目を、重点的に監査することも可能になるため、若手主査でもベテランの主査と同様に巡回監査業務を行うことができるのです。

第一分科会は、若手主査が中心となっています。私たちは、巡回監査支援システムを活用し、徹底した巡回監査を行うことで、中是体制の確立を目指します。若手主査は積極的にシステムを活用し、パートナー会計事務所の底上げを図ります。

徹底した巡回監査、書面添付つき電子申告、戦略経営支援を行い業務品質を高め、関与先の黒字経営支援に貢献していきます。

第一分科会の自計化指導の徹底、四十日決算の一〇〇%実現により、巡回監査、決算監査のレベルアップを目指すことこそが、全分科会の根幹を担っており、日本パートナー会計事務所の発展の礎となり、業務品質日本一が実現するのです。

第二分科会

書面添付と電子申告の完璧を期して

～税務調査立会不要、意見聴取完全対応水準確保のためのテキストブック～

【一】新書面添付制度の趣旨・内容

平成二十一年七月十日から国税庁長官の書面添付制度に関する事務運営指針が適用されることになり、新書面添付制度となった。

～事務運営指針の考え方～

・当局の調査事務の効率的運営に資するものである。
・書面添付の内容の充実を税理士に要求するものである。
・充実した内容の書面添付であれば、税理士の立場を尊重して、税務調査が省略される。
・税務調査を前提で意見聴取を行うことができない。

★ワンポイントチェック！

書面を見て税務署が会社の状況等をイメージできるものを作成する。
税務当局は赤字会社よりも黒字会社に注目する。

【二】有料継続ＭＡＳを活用した有料書面添付で、申告是認率九九・九九％
～会計で会社を強くする!!～

・内容の濃い書面添付を作成するには、まず会社をよく知らなければいけない。
・会社をよく知るためには、毎月の監査時に現状把握を行い、数字の変動が大きい科目について社長にその理由を詳しく伺う必要がある。
・毎月の現状把握をするためには、継続ＭＡＳシステムを使って社長と毎月話をすることで書面添付の内容が充実していく。
・毎月、継続ＭＡＳを使って経営の話をすることで、社長に対して会計事務所がしっかりやっているという印象を与えられ、社長の言葉が書面添付に直接反映されるので必然的に書面添付の内容が濃くなる。
・書面添付の内容が濃くなれば、税務調査省略の結果が得られやすくなる。
・継続ＭＡＳは顧問先の内容理解のために欠かせないツールであり、書面添付は毎月の継続ＭＡＳで完成される。

★ワンポイントチェック！

会社の「通信簿」として活用する。

会社の業績に寄与するものでなければならない！

【三】有料書面添付の実践

［1］ステップ1　有料化の提案・報酬提示！

書面添付の趣旨、内容、メリットを説明し、精度の高い書面添付を行うための流れを説明する。

★ワンポイントチェック！

導入同意書を活用しよう。

書面添付制度のあらましのパンフレットを活用しよう。

［2］ステップ2　書面添付の充実を図る　事前意見聴取対策

有料化するためには、業務品質の向上が大前提。記載すべき内容について説明、検討を行う。

各勘定科目の内容を聴取し掘り下げていく。

（1）月次巡回監査での三現主義の徹底（現場・現実・現物）

★ワンポイントチェック！

巡回監査支援システム、巡回監査報告書を活用しよう。

（2）有料継続ＭＡＳの実践

会社の状況（経営、人事、もの、資金繰りの問題）、業界全体の話を、社長からヒアリングする。

★ワンポイントチェック！

会社の状況をよく知ることが重要。

「よくわかっている」ということが社長の感動を呼び、報酬をもらえる。

わかっていないと報酬はもらえません。

（3）決算監査の実践

位置づけ　月次巡回監査 ↓ 決算監査 ↓ 決算報告

月次巡回監査日と決算報告日とは別日を設け、社長に税務調査のようにインタビューをしながら書面添付用の書面を作成

★ワンポイントチェック！

インタビューで決算説明に価値を見出せる！

（4）書面添付を充実させるための具体的方法

～第二十五、二十六回秋季大学より～

《書面添付を記載する際の注意点》（1面～3面）

「税務当局が知りたがっている事項を重点的に記載する」

1、文章の文末は、必ず「ですます」調にする。

2、増減事項の記載においてはTPS1000「721決算数値の推移確認」を活用する。

3、定量分析のみならず、その背景に潜む定性分析も記載する。

（1面）〔作成記入の基礎となった書類等〕

・書類範囲証明書に記載されている書類名を記入

（2面）〔3、計算し、整理した主な事項〕

・売上計上基準（締め後売上の処理）　・貸倒引当金

・原価計上基準（締め後請求の処理）　・印紙

・期末在庫　・源泉所得税

・現金管理　・固定資産の管理

・自家消費　・現物給与

（備考欄）

・参照書類（各種契約書、領収書、請求書　etc）

・条文番号　・書類範囲証明書付表

〔（2）（1）のうち顕著な増減事項〕

・役員報酬の変更

（いつから、いくらにしたのか？）

（株主総会での経緯や決議）

・個人借入金の増減

（資金の原資）

〔（3）（1）のうち会計処理方法に変更等があった事項〕

・消費税の経理処理　（税　込　⇔　税　抜）

（本則課税　⇔　簡易課税）

・引当金の計上基準　（洗替法　⇕　差額補充法）
・減価償却費の計上方法（間接法　⇕　直接法）
・棚卸資産の評価方法

（3面）〔（4）相談に応じた事項〕

・役員報酬の変更　　　　　　　・末回収売掛金の貸し倒れ処理
・退職金の支給　　　　　　　　・自計化の進捗度
・経理担当者の技術的な向上度　・戦略経営支援の導入
・社長の税法に関する知識　　　・社長の地域における役回り
・社長の納税に関する意識　　　・銀行からの融資、資金繰り相談
・業界の特異性

〔（5）その他〕

・関与度合　　　　　　　　　　・監査場所

［3］ステップ3　完成品の報告

ヒューマンコミュニケーション系書面添付！
決算書、申告書とともに完成された書面添付の内容を報告する。
「記帳適時性証明書」の有用性について説明する。
「決算報告会」として一年間を振り返る。

★ワンポイントチェック！
最後の大舞台！
喜ばれるためには、「会社の黒字経営」に役立つものでなければならない。
一年間の会社の在り方を説明し、数字だけでなく、
文章解説に付加価値を付けられるかどうか!!

［4］ステップ4　申告是認体制の確立!!

税務調査、解放宣言!!

（1）所内での継続的実施のために

導入書の管理…ギャップ会議報告書で各文社管理

（2）有料書面添付制度導入成功体験

～野田主査～

書面添付の内容及びメリットや新書面添付制度の概要を関与先にご理解いただくことを前提に、より内容の充実した書面添付を作成するために決算検討会を通じて社長と共に一年を振り返り、分析することで、税務当局だけに及ばず関与先にも納得のいただける書面添付を作成することができ有料化につながりました。

～吉田主査～

長年書面添付を行っている関与先ですが、今まで決算報告の際に書面添付について説明をしたことがありませんでした。今回八月申告法人の決算報告の際に、書面添付の制度について、主に税務調査省略の可能性が高いこと、税務署に限らず金融機関においても決算書の信頼性が上がることについて説明を行いました。金融機関との関係について重要視している関与先であり、また今期は業績も良かったこともあり報酬の請求に至りました。

～市川課長～

巡回監査時に意識的に書面添付に関連する話を社長と行って、ある程度こちらの考えを理解していただいていました。決算時に書面添付について従来作成していたものよりも質的な向上をはかる必要があることをご説明しました。（税務署の書面添付に対する対応の強化等を説明）次に、その質的向上のためのお時間と費用をご説明の上請求。社長の理解と納得のもと提案が成功しました。来期も引き続き有料書面添付を行うことになっています。

～神主査～

書面添付の内容をきちんと説明し税務調査が省略できるということを話した。きちんとした説明が報酬につながった。

～三田主査～

関与する以前、三年ごとに税務調査があり、その都度指摘事項があり修正申告書を提出していたA社。税務調査のわずらわしさをよく知っている関与先であったため、新規顧問契約から二期目の決算報告の場において作成した書面添付と書面添付制度のパンフレットを持参し内容と料金を説明、三〇、〇〇〇円で導入しました。

【四】まとめ

一歩踏み出す、勇気をもって、有料書面添付の実践！
　そして、我々は、感謝と尊敬が生み出される会計人となる！

有料書面添付で関与先の防衛！　申告是認体制の確立！

我々ＪＰＡ総研グループは、関与先完全防衛に向けて導入します!!!

第三分科会

『戦略経営会議指導による継続MASシステム導入一〇〇%の実現を!!』

プロ中のプロとしてのビジネスドクターたらん!!

戦略経営支援について

必要性　顧問先を全社黒字化・優良企業化するために必要なものである。

目　的　戦略経営支援の導入目的は、不滅の会社づくり・経営力強化の提案をする事であり、書面添付に記載する情報を提供する事、将来の会計参与を目指す事である。

書面添付と戦略経営支援は二刀流である。

戦略経営支援を導入する事によって、書面添付の内容が充実し、社長から税務調査の煩わしさを取り除き、時間とコストを有効に使って頂く事によって、社長に赤字企業から黒字企業へ、黒字企業から優良企業づくりへの経営に全力投球して頂く事が出来るのです。その為に、会計で補佐し支えていく戦略経営支援を全社例外なく導入する事が、私たちの使命です。

前　提　自計化が完全に出来ていて、顧問先の社長が数字に対して認識をしっかりもっていること。

日本パートナー会計は業務の重要性を理解しており徹底できている。

信頼感があることが前提であり、社長と信頼関係を作り期待感を持って頂き、導入する事が、私たちの責務です。

自計化が未実施企業↓　まず自計化の促進を行う。

（数字が把握できていない会社は現状分析もできない）

毎月の巡回監査にて予実分析を徹底して行い、数字に対する意識を持たせる。

各主査が毎月の巡回監査時に顧問先の問題を明確に把握していることも必要である。

導入するまでの流れ

〈導入推進のタイミング〉

決算予測検討会開催時に行う

　　←　その時点で決定しなければ

中期五ヵ年計画立案時（将軍の日、ミニ将軍の日）に行う。

　　←　その時点で決定しなければ

決算説明時に行う

〈導入に向けて支社内で取り組む事〉

～全員が全顧問先に対して導入するために～

・支社内で事前に導入予定顧問先の課題、問題点を事前検討する。

（一人の考えでは偏りがある可能性がある点と各主査自身が捉えている問題が関与先の悩みとズレがある可能性があるため、最善の提案を顧問先に提示し、推進するために事前準備を

しっかり各支社内、支社全員が考え、その後行動することが必要である）

事前に支社内で検討する場合に、顧問先の状況、情報等を共有する為に、事前確認シートを作成の上、支社内で議論し、問題点、今後の課題等を共有し、解決策を支社全体で考え行動できる体制にする。（使用するシートは別途添付資料を基に）

・導入推進時は上長同席で行う
（主査任せにしない。誰だから出来ないという言い訳はしない。支社全体で取り組む！

上長が同席にて導入することで主査の力の差に関係なく推進できる）

・社労士法人、行政書士法人が決算予測検討会に同席する（関与先が抱える問題の共有化）
社労士法人、行政書士法人が決算予測検討会に同席することで、関与先の経営状況、課題等の情報を共有することにより、顧問先に対する付加価値提案業務に繋げることができる。

会計事務所と社労士法人、行政書士法人の連携により、顧問先の満足度を高める提案を行う。

支社内で事前準備をしっかり行った後、中期五ヵ年計画（将軍の日、ミニ将軍の日）を行う。

中期経営計画立案の際には、顧問先の現状の課題点、問題点を浮き彫りにし、解決策を明確に示す為に、以下の内容について議論を行い、計画の立案を行う。

〈中期経営計画立案（将軍の日、ミニ将軍の日）時の検討項目、流れについて〉

実施内容…1　自社を分析し、強みと弱みを知ってもらう。

2　強みを伸ばし、弱みの克服法を一緒に検討する。

3　経営者の思いを経営理念に込めてもらう。

「経営理念」とは当社は何をもって社会に貢献し、お客様に喜んでもらいいかに社員を幸せにするかという経営者の考え方である。

4　経営理念達成のための中期経営計画及び経営方針を立てる。

↓具体的に行動計画を立てる（数字だけでなく、行動計画を明確に）。

5　具体的な問題点を浮き彫りにする。

6　問題点を解決するためにするべき事を明確にし、いつまでに誰が何を行動するか決定する。

顧問先の現状の課題・今後のやるべき事等を計画時に明確にし、顧問先の問題解決策として戦略経営支援の導入を行う。

1　戦略経営支援基本業務

・原則として左記のような流れで戦略経営支援を行っていく。

〜三月決算企業の事例〜

三月　中期経営計画（将軍の日又は半日の将軍の日に行う）

参加者…社長、役員全員。

計画立案時には、数値計画だけでなく、具体的な行動計画、改善計画内容を設け、顧問先が実施すべき行動を明確化することが重要である。

三月　単年度経営計画　（ＴＫＣ継続ＭＡＳシステムの活用）

単年度計画で作成したデータをＦＸ２に落とし込む。

月別の計画を立案し、具体的な行動計画を立てる。

中期経営計画書等を持参し、説明。

四月　経営方針発表会の開催　　参加者　役員、社員全員、金融機関　取引先等

五月　株主総会の開催（一人株主でも実施）

毎月　戦略経営会議　　参加者　役員、社員全員

経営会議の開催支援（全員経営、全社員のやる気を引き出す手段として）

社員を交えて業績を検討し、問題点を浮き彫りにして、その対策を考える習慣を植え付ける場を開催。その支援を行う。

・予算と実績の差異を分析する↓業績から気づきを与える。
・問題点を示す（グラフなどを活用しながら）。
・対策を従業員たちの中で考えさせ、具体的な解決策、行動内容を決める。
　↓決議した内容について議事録等に記録し、明確化する。次回の会議時に問題解決に向けて決議した行動について確認を行う。（会議を実施しただけでは効果は不十分）
ＰＤＣＡサイクルを回すために行動内容について検証を行い、社員全員に浸透させることが大切である。（会議をただ実施しただけで終わらないように）

・やる気を引き出す土台として、業績連動方式の給与体系について構築することも必要であり、体制が出来ていない顧問先に関しては、社労士法人との連携で提案を行う。

七月　第一四半期実績検討会　参加者…最低でも課長 etc 役職者以上を交えて実施
上長同行　（できるだけ全従業員を交える）

内容　○実績報告（三ヵ月の実績と予算対比における問題点の把握）　監査担当者
←
○現状報告　社長
←
○数字上の問題点について対策の検討　参加者全員
←
○七月以後の見込等を説明　社長
←
○第二四半期に向けての行動計画の確認　全員

←

○業績検討会の総括

十月　第二四半期実績検討会　（内容は前回と同様）　　上司同行で行う

一月　第三四半期実績検討会（内容は前回と同様）＋決算事前検討会　上司同行で行う

※決算事前検討会は第三四半期実績検討会の後に行う

節税策の打合せ又は赤字縮小等の打合せを行う

三月　次期経営計画の実施　（計画は中期経営計画↓単年度経営計画）

右記の通り、具体性のある計画の立案を意識して実施（具体的な行動計画＋数値計画）

五月　株主総会、決算報告会　　決算終了後実施

2　社労士法人が行う提案業務について

・労務チェックリストを基に労務法規上の問題点を提示する。
　↓　就業規則・賃金規定等の提案業務に繋げる。

労務チェックリスト項目
・労働条件通知書、雇用契約書の明示をしていますか。
・就業規則はありますか。
・労働者名簿を作成していますか。
・タイムカード、又は出勤簿はありますか。
・賃金台帳を作成していますか。
・時間外労働はありますか。
・年次有給休暇を与えていますか。
・健康診断を実施していますか。
・労働保険に加入していますか。
・社会保険に加入していますか。

・助成金等の情報提供を行う。（顧問先の現状に当てはまる助成金について提案する）
↓　顧問先に付加価値を与え、満足度を高める。

3　行政書士法人が行う提案業務について

・定款の見直しから、会社法等、法規関連の問題点を提示する。
↓　定款再編、組織変更等の提案業務に繋げる。
・許認可の有無を確認し、必要な情報提供、提案を行う。
（建設業であれば経営事項審査の評点について事前シミュレーションを行うなど）
・遺言書、ハッピーエンディングノートの提案を行う。
（決算事前検討会等で関与先の状況を共有することで、より顧問先のニーズにあった提案を行うことができる）

4　戦略経営会議以外の業務実施項目

○資金繰り指導

資金繰り表を活用して、お客様の中で資金繰り管理がなされていない企業に対して指導する。

・資金繰り表作成支援。

・監査終了後に予定資金繰り表と実際の資金状況との差異分析、今後の対策。

○予実分析の深堀り

・予算、実績管理を社長だけではなく、幹部社員等を交えて問題点、課題点を共有する。

その後解決策についてその場で考え、次に繋げる支援を行う。

顧問先の状況に合わせた予実分析の提案を行い、問題点をより明確にする。

（店舗別予算実績管理、支店別予算実績管理、営業マン別予算実績管理等）

○金融機関対策支援

・金融機関に対する改善計画、資金繰り計画の作成支援をする。
・安定した資金繰りとなるよう借入返済状況の見直し提案を継続して行う。
・リスケジュール支援。

○金融機関を交えた業績検討会、決算検討会、経営計画策定支援

・外部を交えるので担当＋上長で行う。
・ポイントは顧問先のディスクローズ支援↓金融機関への融資依頼、協力の取付け
（ディスクローズの必要性も指導する）。
・金融機関に対する印象度アップへ（顧問先＋事務所）。

○経営承継対策

・後継者に対して、決算書、試算表の見方から分析まで指導する（勉強会等）。

具体的内容

・経営計画の必要性　・資金繰り指導
・経営理念の確認　・B／S指導
・強み、弱み、機会、脅威の分析　・金融対策指導

・変動損益計算書の指導　　　　・経営革新支援
・キャッシュフローの考え方の指導
・資金繰り指導　など

全社導入に向けて

やるべき事は決まっている。顧問先全社に対して戦略経営支援を実践断行することが必要である。戦略経営支援の目的は顧問先の完全防衛、永続発展であり、顧問先の現状がよい方向へ向かうために全社不可欠な業務である。戦略経営支援を実施することでより顧問先の現状、実態を把握できることで、顧問先の黒字化、優良企業化への貢献だけでなく、本来業務である巡回監査の質の向上、書面添付の記載内容の充実にも繋がり、事務所の業務品質の向上に結果として繋がる。

戦略経営支援については、必ず決算検討会時、中期五ヵ年計画時、単年度経営計画時に提案を行い、全社導入を目指す。

第四分科会

遺族に尊敬される相続対策指導の完成を目指して、ゆりかごから墓場までの実現（ハッピーエンディングノートを含む）

はじめに

・企業の永続発展のためには、個人の円滑な財産承継が必要であり、「遺族に尊敬される相続対策」の推進が必要である。

・前回の秋季大学に引き続き、当分科会では基本的に顧問先を対象とし、主査が通常業務の中で行えることをイメージし、かつ報酬に結びつくことを前提として討論した。

日本は超高齢社会!?

日本は世界唯一の超高齢社会

高齢化社会	七%
高齢社会	一四%
超高齢社会	二一%

出典「不動産の相続対策」新日本法規

日本の高齢者（六十五歳以上の人）はすでに三千万人弱で二三％を超えている。

二〇五〇年には、日本の人口は九〇〇〇万人まで減り、高齢者の割合は総人口の四割に達する。

↓ハッピーエンディングを実現していただくために、三法人がどのような社会的使命を果たすべきか？


七〇歳以上で遺言書を作成している人は四％（経済産業省）

社長の悩み

財産を把握したい	相続税が心配	分割が心配	親族に相続が起こった
早めに対策をしておきたい	相続税がかかる心配……	相続人に問題が……	何から手をつけていいか分からない
家族で話し合うのに一覧表が欲しい	相続税の試算をしてもらいたい	自社株、事業用財産の承継者は？	死亡保険の受取手続きが煩雑だ
財産を整理し対策の相談をしたい	生前贈与をしたほうがいいの？	認知症を患っている家族がいる	相続人が音信不通
年老いた親の財産管理が心配	納税資金は大丈夫か？	生命保険を活用して分割対策したい	遺族年金の受け取りは？
↓	↓	↓	↓
財産目録作成	相続税対策	遺言書作成 成年後見制度活用	遺産整理サポート 遺言執行

ハッピーエンディングノート活用事例

①行政書士と事前打合せ

主査と事前の打合せ

●財産の概要を確認

↓自宅と自社株式のみ

●家族構成の確認

↓奥様は専務取締役

娘の夫は従業員

三人娘もそれぞれ従事の家族経営

②社長と打合せ　《一次相続対策》

●遺言に関して一般的な情報提供

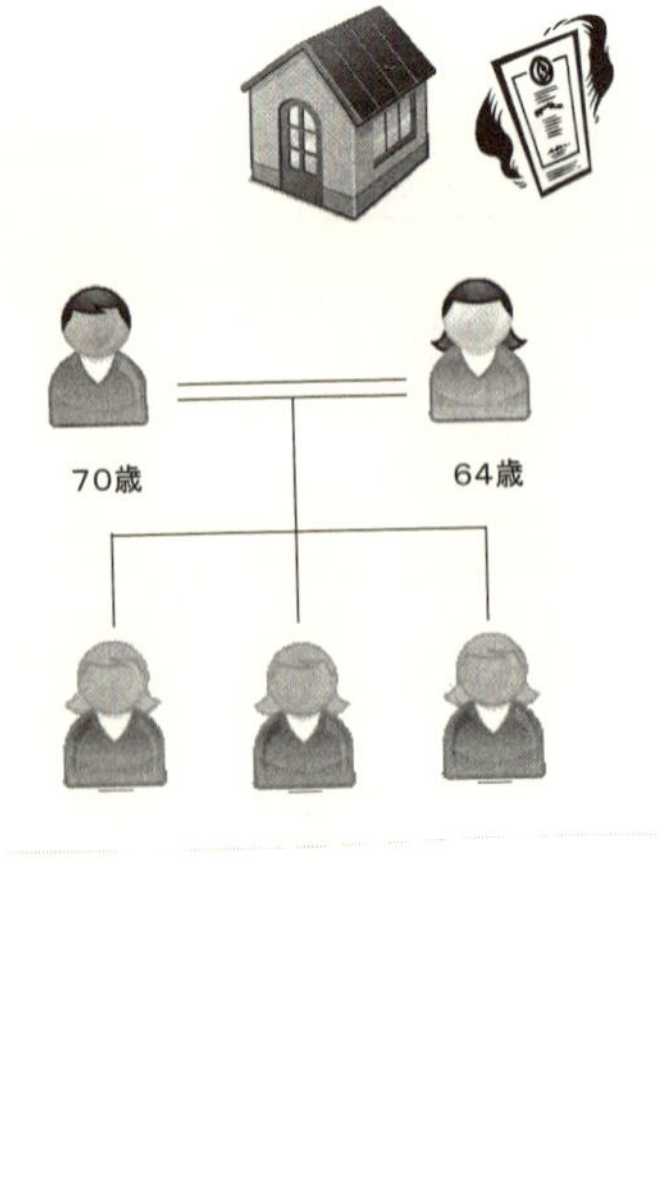

●話がすすんでいくと……
↓社長に認知した子が
いることが分かった

●何もしておかないと将来
無用のトラブルに発展する可能性があり
遺言を作成して回避!!

③社長の奥様との打合せ　《二次相続対策》

●二次相続対策として、奥様の遺言書作成を提案

●相続人である娘たちとその夫も会社に従事しているので、
自社株を誰が相続するか遺言で指定する。

●分割の難しい自宅をどうするかも決めておく

↓ここまでやらないと問題の先送りをしただけとなるので二次相続対策は必要

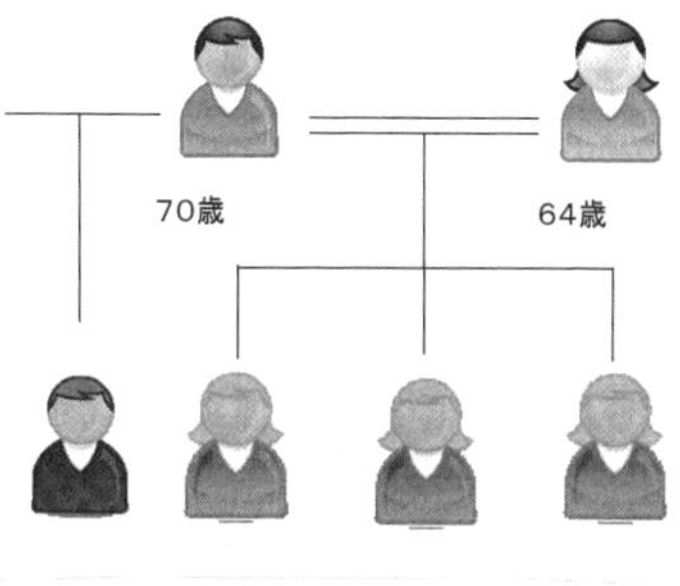

④奥様の遺言が完成したあとの対策として、

ハッピーエンディングノートを完成させる。

●将来の介護についての希望は？
●認知症になったときの対応は？
●延命治療の判断を求められたらどうするか？
●葬儀のスタイルの希望はあるか？
●お墓は決まっているか？　etc.…

ここまでサポートすればほぼ完ぺきな対策となる

⑤まさにエンドレス業務!!

●相続後の手続きを円滑に行い、次の世代にスムーズに承継させる

1、相続人調査
2、相続財産調査
3、遺産分割協議書原案作成
4、遺産の名義変更サポート

遠方の親戚とは疎遠

相続人が９人も！

相続人が海外在住

相続人が認知症

父が昔結婚していて異母姉がいるらしい

相続人に未成年者が

アメリカ人の父と離婚が成立していなかった！

音信不通の兄の居場所がわからない

不動産登記手配	預金払戻・名義変更	車両移転登録
保険金請求 医療保険給付金遡及請求	賃貸借契約書等変更手続	許認可等の引継申請
有価証券換金・名義変更	遺族年金請求手続	

⑥まとめ

ハッピーエンディングノートの活用法の提案フロー

（活用法の一例として）

①関与先社長に相続対策を提案するきっかけに使う。

←

②財産目録の作成から提案する。

←

③一次相続対策、二次相続対策など様々な対策をする。

←

④仕上げとしてノートを完成させ、

〝ハッピーエンディング〟を実現する。

ハッピーエンディング業務推進システム　その一

・まずは、相続対策の必要性が高い関与先からハッピーエンディングカルテを作成する。

・ハッピーエンディング強化月間（キャンペーン期間）を創設し、ハッピーエンディングカルテの作成、見直し提案期間とする。
・カルテをもとに担当税理士、行政書士、監査担当者と情報を共有し、TPS8000で一元管理する。
・ハッピーエンディング業務進捗管理表でスケジュールを決め、同行提案する。

ハッピーエンディング業務推進システム　その二

・ハッピーエンディング業務実績件数№1社員表彰を創設し、取扱い件数の多い主査を表彰することで年間を通して盛り上げていく。
・ハッピーエンディング業務の報酬総額と取扱件数を毎年集計し、データを分析し関与先のニーズに対応していく。
・集計データを資産税、相続対策に強い事務所の広告宣伝に活用する。

ハッピーエンディング業務推進システム　その三

ハッピーエンディング用名刺（案）の活用！

全社統一的な推進システムとして

1．ハッピーエンディングカルテを作成
2．ハッピーエンディング強化月間にカルテを定期的に見直す
3．ハッピーエンディングカルテで担当税理士、上長と打ち合わせ
4．担当税理士、行政書士と同行提案

財産目録作成、相続対策、遺言、後見等ワンストップであらゆるニーズに対応!!

ハッピーエンディング業務のワンストップ作業フロー

相続手続業務は行政書士法人、相続税申告業務は税理士法人、対策を含めてワンストップでお客様に対応!!

ハッピーエンディング業務のワンストップ作業フロー

	相続対策	相続発生
税理士法人	相続税シミュレーション 相続税節税対策 二次相続対策 納税対策提案 法人設立、資産組替提案	準確定申告 遺産分割方法の相談（二次相続対策） 財産評価、相続税申告書の作成
行政書士法人	ハッピーエンディングノート 財産目録作成サポート 遺言書作成サポート 成年後見サポート	遺産整理サポート 戸籍調査、相続関係説明図の作成 不動産登記簿、公図、地籍測量図 評価証明書等取得 残高証明書、有価証券評価証明書等取得 遺産分割協議書作成・財産目録作成 不動産登記手配 預貯金払戻し、有価証券換金 名義変更手続き 生命保険金請求手続き 遺族年金請求手続き 公共料金解約・名義変更手配 車両移転登録 許認可の承継 賃貸契約書等変更手続き 遺言執行

おわりに

・ハッピーエンディング業務は、戦略経営支援に並ぶ当事務所の主要な業務となる。
・ゆりかごから墓場までを支援するエンドレス業務。
・何もしなければ関与先社長とその家族をunhappyにしてしまう。
・「遺族に尊敬される相続対策」により家族に尊敬され感謝される。
・そして私たちＪＰＡ総研グループもHappyに!!

第五分科会

リスクマネジメントプロフェッションとして『企業の危機管理の指導体制の確立』

—個人・法人の人的・物的財産を人災・自然災害から守りきる!!—

ＪＰＡが危機管理、保険指導に取り組むということ

㈱日本パートナー会計事務所の標準業務（一部）

・巡回監査　・添付書面　・継続ＭＡＳ

標準業務の徹底により、

↓常に関与先の状況・リスクを把握

↓いつでもリスク管理を指導できる状況

危機管理・保険指導は提案業務ではなく、標準業務である

危機管理・保険指導とは

飯塚毅初代会長の願い

別紙…『保険契約指導に関する業務命令』（二九二頁～二九五頁参照）

↓保険指導は会計事務所の正当業務

↓保険指導とは、人的リスク管理、物的リスク管理、利益喪失リスク管理の全てを要請している

↓標準保障額（リスクに対する合理的な金額）を計算・管理できるのは我々会計人しかいない

↓保険指導と保険募集の決定的な違い

↓不作為の罪

個人・法人の人的財産を人災から守りきる!!

成功体験事例　その一

業種　化粧品販売業

提案時の課題

約一億三〇〇〇万円の借入があり、現在はリスケを行っている

保障は必要だが、未付保の状況

成約のポイント

標準保障額の算定・提示をしっかりと行えたこと。

また、戦略経営支援に上長が入っており、経費の見直しを中心に行ったことによりRタイプの保険料が真の意味で必要な経費ということを訴えることができた。

成功体験事例　その二

業種　コンビニエンスストアの経営

提案時の課題

財布を握っている奥様は、掛け捨ての保険が大嫌い
売上は前期比一二〇％と順調に伸びているが、
フランチャイズ本社へのフランチャイジーが高額の為、利益は少なく、
資金繰りが厳しい
借入金があり保障は必要

成約のポイント

継続ＭＡＳシステムを使い、利益及び資金繰りをシミュレーションした。
保障の必要性を十分に理解して頂いたうえで、今期は資金繰りの都合上、
保険料の低廉なＲタイプしかないと、奥様の理解を得た。
資金繰りが出来次第、ＪまたはＬへ移行する。

成功体験事例　その三

業種　工作機械部品の製作販売

提案時の課題

黒字企業だが、来期以降の資金繰り

成約のポイント

毎月の巡回監査時に決算予測、資金繰り改善指導、来期以降の受注量等の確認を行い、決算対策や生存保険金の説明を行っていたので、成約に至りました。

個人・法人の物的財産を自然災害から守りきる!!

成功体験事例　ビジネスマスター

業種　飲食業（レストラン、スナック）、小売業等

提案時の課題

損害保険の加入が、レストランでの共済（賠償保険）のみでありリスクチェックの上、損害保険の必要性を提案。事業が複数にわたり、それぞれの職種ごとに加入する必要がある。

成約のポイント

リスクマネジメントの重要性を、再三にわたり、指導していた熱意がポイントであった。

成功体験事例　東日本大震災

業種　不動産賃貸業

提案時の課題

水害で建物の修繕、居住者への賠償等で出費があったうえ、事務所用物件の空室が増え、リスケを考えていた。

成約のポイント

事業用資産でも、居住用部分があれば地震保険の付保が出来ることを説明し、二十二年に付保。保険料は一万三千円程度の増加であったが、東日本大震災で二千万円の保険金がおり、他の物件も地震保険を付保している。

保険金支払事例　東日本大震災　防水工事業

経緯

工事現場にて、作業終了時にハケについた防水塗料を誤って、排水に流してしまい、貯水槽を汚損してしまった。この為、貯水槽を洗浄しなければならなくなり、その費用が当初、七〇〇〇万円以上の見積もりとなった。

本事例のポイント

賠償責任の保険では、補償内容が業務のリスクにきちんとリスクヘッジされているかが、ポイントとなります。

このような事故が再度、発生しないよう、塗料の取り扱いの見直しを指導することもリスクマネジメントとして重要。

企業防衛保険指導の大原則
『待った無し!!』

即刻　全顧問先の生損保の証券回収・保険指導を
行うところからスタート

付保率一〇〇%を目指して①

保険指導体制の確立

社内業績検討会の開催時に、リスクの洗い出しを行い
大同生命・日本興亜損保と共に保険指導に取り組む

保険指導する代表的な場面

決算検討会開催時
単年度及び中期経営計画作成時
決算報告時

顧問先の状況が著しく変化したとき
（借入の増減、事業発展、得意先の状況、役職員の増減、固定資産の増減、その他偶発的事象に対応が必要なとき）

付保率一〇〇％を目指して②

保険指導の実行

職業会計人としての説明責任を明らかにするために、顧問先からの署名・押印

付保率管理の徹底

決算時に「保険料の内訳書」作成を必須事項に、保険証券の写しを添付、および「保険管理台帳」の作成。

書面添付に保険指導を行った旨を記載する。

全顧問先を人的リスク・物的リスクから完全防衛するために、全社例外なく一〇〇％付保達成を目指す（満腹作戦の実践・想定されるリスクからの完全回避を前提とする）

付保率一〇〇%を目指して③

内部研修制度の確立

保険指導理念研修
コンプライアンス研修
商品研修
標準保障額・必要補償額算定研修
ロープレ研修
事例検討研修

右記研修をギャップ会議時を中心に随時開催する

まとめ

・TKC会計事務所だからこそ、

リスクマネジメントのプロフェッションとなりうることが出来る

・最終目的は、関与先企業の永続的発展

そのために、リスク管理の徹底と関与先を全てのリスクから完全防衛する必要がある

・企業の危機管理の指導体制の確立

巡回監査時に危機管理の徹底を行うことを、標準業務とする

保険契約指導に関する業務命令

飯塚会計事務所　所長　飯塚　毅

一、（この命令の事由）

国際的にみて、保険契約締結の指導が、会計事務所の正当業務であることについては、一点の疑いを入れる余地もない。併しその指導の趣旨については、職員各位に於いて、若干の誤解を抱く向きがあるので、はっきりと訂正せしめるため、この命令を発するものである。

二、（保険契約指導の趣旨）

資本制社会にあっては、各企業は一切の災害不幸について、自分で助ける以外にない立場に置かれている。この立場は、企業存立の原価要素の中に、保険費用を当然のこととして織り込む必要を内包している。

その保険費用とは、万一の災害のときに、その損害額の全額を保障する保険の費用（いわゆる損害保険料）災害時の時から再開店の時までの、入る筈であった営業収入の全額を保険する費用（いわゆる利益保険料）、および万一経営者又は従業員が業務上または業務外で死亡した場合の、企業や遺族の経済的な打撃を保険する費用（いわゆる事業家保険料）の三種を含むものである。

この三種の保険料は、いやしくも経営者が、合理的経営を望む限り、絶対不可欠の経営原価である。然るにわが国に於いては、保険思想の未発達のため、かつ経営者による合理的思考未熟のため、この点の防衛処置がなく、企業はかかる偶発的危険に全面的にさらされている。この不合理な企業の遅れを打破し、企業を完全に防衛する戦略として、保険契約の指導を行うものである。関与先の完全な防衛は、引いては、会計事務所のマーケットを、完全に防衛することにも連なるわけである。

三、（訂正すべき誤解点）

主査業務担当者（以下略して主査と呼ぶ）は、その受命関与先を上記三点に於いて、完全に防衛する責任を負う者である。彼は、この責任を果たすため、相手経営者の無知を打破し、本末転倒による不決断を克服して、完全防衛の体制まで、相手方を導いてやる必要がある。従って、この点に於ける主査の行動原理は、相手方の無知や近眼的利己心への迎合にではなく、客観的な監査による、専門家としての権威ある、強力な助言と説得そのものでなければならない。

A旅館の一億五千万円に及ぶ損害をみよ。保険契約は僅か三千万円であった。栃木に於けるB商事社長の弔慰金をみよ。僅か三十万円程度で、税務否認のアラシの中で泣いたではないか。原因は、担当主査の指導不良と責任観念の薄弱に帰する。経営指導に、誠実さの太い筋金が入っていなかったからである。

四、（業務命令事項）

（1）損害保険関係。

主査は監査にあたり、社屋、工場、什器、商品等の再調達時価を算出し、損害保険金額の適正額を、経営責任者に対し、再三再四にわたり勧告すべし。

（2）利益関係保険。

主査は監査にあたり、災害からの復興開店までの見積期間を諮問し、概算何ヵ月分の全収入を保険すれば安全かを、再三にわたり、勧告すべし。

（3）事業家保険関係の1

経営者死亡時における企業の急用資金、安全経営資金と遺族の安全生活資金の合計概算額を算定し、その総額を会社契約の保険で確保すべきことを、再三にわたり勧告すべし。その際、役員の退職金及び弔慰金の制度を、議事録上で明確化して、支出の合法性と支出金額の損金性を確実ならしむること。

（商法第四九八条、所得税法第六条、法人税法第九条）、および弔慰金額の合法的支出の方法（相続税法基本通達第二一条）を明快に解説すべし。

（4）事業家保険関係の2

求人充足率の低下、労働力の流動性増大に伴う対策の一として従業員保険の必要を説くこと、また現行の労災保険は保障が勤務中の災害に限定されている弱点があり、通勤時及び勤務時間外の安全保障と遺族保障が全くないことを説き、損金処理の安全手当の支給により、魅力ある職場を作る必要を勧告すること。自分もその恩恵を受け、後顧の憂いがなく働ける実状を説くこと。以上四点を再三強調すべし。

（5）主査はここに於いて、自己の説得力の強弱を自ら判定して修養の手段としつつ、上記三点の算出額の適否につき、直接所長に対し責任を負うべし。

五、（命令外注意事項）

（1）損害、利益、事業家の各保険を進んで契約する意思なき経営者は、新時代の合理主義的経営を、自ら放棄するものであり、所長は逐次顧問解約の処置をとる方針であるから、留意せよ。進んで自企業を防衛する意思なき者を、わが事務所が全力を掛けて防衛する理由がないからである。

（2）所長は、日光のA旅館が、保険金三〇〇万円に相当する保険料を返戻した大同生命の支社長に、その小切手を返還せしめた実例がある。相手企業にとり、経営防御の意味と実質がない保険契約は断じて、契約せしめてはいけない。それは、関与先に忠なる如くして、実は少しも忠ではない。指導者としての見識と勇気とを欠いた主査に、この点の危険が多い。自ら求めて、劣等な主査となってはいけない。

（以上）

昭和三十八年九月九日

第六分科会

総務・経理・ＯＡ・ＩＴ
総務部が支える内部管理業務

その対外・対内向けヒューマン・コミュニケーションの促進役として！

コミュニケーションメディアが、どのように発達しようとも、人間のコミュニケーション＝「ＨＣ」（human communication）は、対人コミュニケーションが、まず基本にあると考えます。

総務部・ＯＡ部は、言葉使いはもちろんのこと動作や姿勢の一つ一つに、徹底してこだわっていきます。

そして、清く、正しく、美しく、確実に実行する促進役となります。

【快適な職場環境をつくるために】

快適な職場づくりは、全社員で意識することが大切です。

1.「日本一元気な事務所・挨拶の気持ちいい事務所」には、すぐにでもなれます。

①挨拶は、いつでも・誰にでも！
②明るい挨拶でいい一日を！
③「ながら挨拶」はせず、相手の目を見ながら！
④おじぎは、体で示す挨拶！
⑤笑顔に勝る化粧なし！

『エール手当の趣旨を理解していますか？』

『エール手当申請書にサインするだけ……になっていませんか？』

私たちは、エール手当を頂いています。その趣旨は、職場の仲間・お客様に元気を与えることです。

元気のない人が一人でもいると、事務所全体が暗くなります。

そこで、周りに目を向け、皆でお互いを注意し合おうという発想から生まれました。

全員でエール手当を頂ける資格があるのかどうか、この秋季大学で再確認する必要があると思います。

職場を挨拶でいっぱいにしよう！

社内・社外にかかわらず、自分から明るい挨拶を心掛けましょう。

あ　朝は明るく「おはようございます」

い　いつでも誰にも「こんにちは」

さ　さわやか笑顔で「いらっしゃいませ」

つ　続ける挨拶　元気な職場！

2. 社内美化（無駄なものを徹底排除）と、整理整頓を習慣にしましょう。

・会社にとって重要な情報財産である文書・資料等の流出・紛失を防ぐためにも、必要なものと不要なものをしっかりと区別し、適正に取り扱うことが大切です。

・お客様からお預かりした書類等は、速やかに返却しましょう。

・書類だけでなく、パソコン内のデータ整理等、各自が責任をもって行いましょう。

・社内が乱れていると、仕事の効率も悪く、お客様からの印象も悪くなります。

・無駄なスペースにも家賃（経費）が、かかっています。

3．節電を意識した行動をとりましょう。

・事務所内の冷やしすぎ、暖めすぎに気を付けましょう。
・常に効率化を考え、無駄な電力を使用しないよう心がけることで、経費削減にも結び付きます。

【会社の顔としてのフロント業務】

私たちは、以下のことを心がけて応対しています。

1．電話応対

①2コール以内に出て、「日本パートナー会計事務所、○○でございます」と、名乗る。
②手短に挨拶をし、相手を正確に確認する。聞き取れない場合は、「失礼ですが…」などのクッション言葉を使う。
③お待たせしないように、担当者へ取り次ぐ。
④担当者が不在の場合、会社名、名前、電話番号を確認し、正確に担当者へ連絡する。
⑤会議中や来客中であっても、担当者へ電話が入っている旨を伝える。

⑥電話を切る際は、相手が切ってから受話器を置く。

⑦間違い電話にも、丁寧に応対する。

電話は会社の窓口です。電話応対は会社のイメージを大きく左右します。電話は「声だけの応対」ですが、声の響きや口調から、こちらの態度は、たちどころに伝わってしまいます。「丁寧・正確・簡潔」に明るい誠意ある応対で、パートナー会計事務所のファンを増やし、業績に貢献したいと思います。

2. 来客応対

①訪問の日時・用件・訪問者名・同行者名・所要時間を確認する。

②会議室等の予約、事前に準備すべきものなど確認し、慌てることのないようにする。

③予め空調等にも気を配る。

④お茶を出す時は、温・冷・種類等にも気を配る。

お迎え、お見送りが感じ良くできる様に、来客ボードを活用し、スピーディーに取り次ぎ、「いらっしゃいませ」「ありがとうございました」に、社員全員が心を込めます。

挨拶はどれも大事ですが、特に最後の挨拶は印象深く、「来て良かった〜　また来たい!!」につながります。

【未収金を発生させない為に！】

支社内で、絶対に未収金を発生させないという雰囲気をつくることが大切です。

・自動引落は月次顧問料だけではなく、決算料・年末調整・確定申告にも活用しましょう。
・事前に請求書を渡し、申告書に押印を頂く時には、現金回収できるように習慣化しましょう。
・月末までに集金ではなく、監査時・押印時に集金を心掛けていきましょう。

おわりに

我々職業会計人が経営維新を断行しなければ誰が中小企業を完全防衛できるのか

「現状否定」も「脱皮創造」も「想念実現」も、まずはそういう意識が持てるかどうかが重要になってきます。なぜなら、意識が行動を起し、行動が習慣を作り、そしてその習慣が人格を磨き、人格が運命を形成するという「掟」があるからです。

意識を持つということ、それ自体がプライドアンドメリットにつながっています。人格を磨いて運命を形成する。運命を形成するために、意志ある行動が必要不可欠なのです。

その意志とは「顧問先である中小企業を完全防衛する」ということです。

私たち職業会計人が経営維新を断行しないで誰が中小企業を守るというのでしょうか。

これこそが恩師飯塚毅先生の教え「国を支える寄り添いザムライが職業会計人」なのです。

その強い信念が今税理士に求められているのです。職域防衛運命打開に挺身する実践断行の職業会計人にとっては、今がチャンスです。やるなら今しかないのです。

平成二十五年春の金融円滑化法の期限を目前にして、中小企業の経営力強化支援法が策定されました。それは中小企業を倒産させない仕組みの一つです。

では誰が中小企業を守るかと言えば、支援法に適う会計事務所となります。恐らく今の段階では職業会計人の経営する我々会計事務所しかないでしょう。しかし記帳代行型会計事務所では無理でしょう。

「どういうふうにやればいいんですか」というような質問を当局にぶつけているような会計事務所では、心配で心もとないと、当局から三くだり半を下されるのは請け合いです。

金融円滑化法の失効と消費税増税法案の実施、その後に来る大不況、消費不況、そして中小企業の倒産、失業者の増大などから、我々の大切な顧問先を守るのは容易なことではありません。

こうした現実を考えると、会計事務所も二極化が進むのは間違いないでしょう。それも適者生存の原理で仕方がありません。いよいよ会計事務所も、そういう時代に入ったということです。

それを乗り越えるには、我々職業会計人自身が指導者足り得るかどうかです。

指導する、教えるということは自分自身が学ぶことです。

学ぶとはいかに知らざるかを知ることです。

知って自分自身を叱咤激励すると同時に社員を奮い立たせる。これこそが、職業会計人の経営維新に必要な姿勢であります。

顧問先社長にトップリーダーとしての正しい使命と燃える情熱を、さらにはやる気を持たせる必殺仕掛人、「寄り添いザムライ業」に大変身することであります。

黒字会社づくり、申告是認体制づくりこそがビジネスドクターとしての役割
職業会計人の経営維新となるのである

職業会計人として、税理士自身がどういう考えで仕事をするか、そしてどういうツールを用いて仕事をするかにかかってきます。

恩師飯塚毅先生は「一円の取り過ぎた税金も無く、一円の取り足らざる税金も無からしむべし」「会計がしっかりしていれば、会社はもちろん、国も地方も政治家、官僚もすべて浄化されるのです」と強調されていました。

そういう教えを受けて、私が職業会計人として最も基本としているのは、税理士法第一条にある税理士の使命と役割です。

即ち税理士は独立公正の立場で、事業所得の計算と適正適法な税務申告を実施することを職業とする使命条項になっているのです。つまり、それこそが黒字会社づくりと申告是認法人づくりの実践なのです。課税の公正、公平を通じて納税者、国民の信頼に応えて国家の財政を支えるビジネスドクターとしての使命と役割を実践するかどうかにかかっているということなのです。

その具体的作業は所得を計算することですが、所得を計算するとは所得を上げなさい、すなわち黒字会社づくりの指導をしなさいということです。

職業会計人である税理士には、顧問先の事業所得を上げる秘訣を指導する役割、使命があるの

です。

それを税理士は法律家であるから、法に従って申告をするだけでいい。所得を上げることは税理士の仕事でないと思って逃げている人が今も多くおられます。

それでは職業会計人、税理士として、税理士法第一条の法の意味をきちんと理解していないこととなりませんか?!

そういう税理士は、前にも述べたように自分はちゃんと仕事をしている。顧問先が赤字でもしょうがない。自分のせいではないと思っている方々なのです。

でも実は、会計事務所のせい、我々職業会計人のせいなのです。

現在赤字会社が八〇%近くになっているのは税理士の責任であり、それが糾弾される時が今、やってきているのです。

会計事務所が使命感を持って情熱を燃やして取り組めば、トップである顧問先の社長が変わり赤字会社も黒字になるのです。

繰り返しますが、税理士の使命は事業所得の計算ということで、所得を上げること、黒字会社が前提になっており、所得を上げられなければ税金の計算もできません。

そこにこそ、我々日本パートナー税理士法人が標榜する「ビジネスドクター」としての国家的役割と使命があり、まさに「職業会計人の経営維新」に取り組むこと、それを発心、決心、持続心で取り組むのが今であると確信する次第であります。

税理士として自分はどういう人生を歩むのか。
単に食えればいいというような税理士には、夢も希望も志も、
まして国家に貢献する思いなどは生まれてこない。
税理士には自分の全人生を賭けて取り組む役割「国の宝である中小企業を守り切る」
という国家国民を支える職業会計人としての社会的使命が厳然として存在するのだ。

最後に幕末の蘭学者・佐藤一斉先生の檄を紹介します。

一灯をひっさげて暗夜をゆく
暗夜の暗きことを憂えるなかれ
ただ一灯を信ぜよ！

しからば一灯とは何か、それは恩師飯塚毅先生の教え「自利利他」であり「光明に背面なし」
ということです。

ＪＰＡ総研グループ参考資料

1 ＪＰＡ総研グループの概要
2 平成20・21年　重点活動テーマ　表彰事務所　総合一位
3 ビジネス・イノベーション・アワード　二〇一二　大賞
4 経営革新等支援機関　認定証
5 二〇一二「重点活動テーマ」単年表彰　事務所「ＦＸシリーズ」部門　第一位
6 ＪＰＡ総研グループ年四回の儀式の概要
7 私の幸福目標
8 マスタープラン
9 私の目標（生産目標）
10 ギャップ会議資料　個人別目標予定実績管理表
11 ＪＰＡ総研グループ　社是
12 ＪＰＡ総研グループ　社訓
13 ＪＰＡ総研グループ　五信条
14 ＪＰＡ総研グループ　社員の誓い
15 ＪＰＡ総研グループ　職員心得
16 ＪＰＡ総研グループ　同志讃歌

1　ＪＰＡ総研グループの概要

ＪＰＡ総研グループ沿革

昭和４１年	神野税務会計事務所創設
昭和５１年	株式会社日本パートナー会計事務所設立
昭和６０年	郡山事務所開設（所長　宗形税理士事務所）
昭和６１年	神田事務所開設（所長　大須賀税理士事務所）
平成２年	多摩支社開設（所長　田制税理士事務所）
平成３年	福島事務所開設（所長　佐藤重幸税理士事務所）
平成５年	JPA あだたら研究所開設
平成７年	パートナー税理士職員７０名
平成８年	創立３０周年
	代表取締役会長　神野宗介就任
	代表取締役社長　田制幸雄就任
平成９年	中小企業家・資産家のための悩み事「よろず相談所」開設
平成１３年	創立３５周年　出版事業発表会
平成１４年	日本パートナー税理士法人設立
	代表社員税理士　神野宗介
平成１５年	日本パートナー社会保険労務士法人設立
平成１６年	本社移転　千代田区神田駿河台４－３
	新御茶ノ水ビルディング１７階
	ＪＰＡむさしの研究所開設
平成１７年	日本パートナー行政書士法人設立
平成１８年	ホノルル支社開設
平成１９年	渋谷支社開設
平成２１年	吉祥寺支社開設
平成２２年	二本松支社開設
平成２３年	仙台支社開設
平成２４年	ＪＰＡ不動産クリニック開設

会社概要

平成２５年１月現在

叡知と勇気と情熱の飽くなきチャレンジ精神と
鉄の団結で取り組むプロ集団

経営理念	自利利他の実践 当事者意識の貫徹 不撓不屈の精神 生涯勤労学徒である
業務紹介	巡回監査業務 決算監査業務 戦略経営指導業務 ハッピーエンディング支援相続対策業務 資産対策不動産クリニック ＯＡ化自計化指導業務 コンピュータ会計データサービス業務 リスクマネジメント・企業防衛保険指導業務
社　　名	日本パートナー税理士法人 株式会社日本パートナー会計事務所
創　　業	昭和４１年２月
本　　社	東京都千代田区神田駿河台４丁目３番地 新御茶ノ水ビルディング１７階

代表者	税理士・経営士　神野宗介（尚美学園大学大学院 教授）
代　表	会長　税理士　田制　幸雄 社長　税理士　大須賀弘和
役　員	取締役　１０名　　監査役　２名　　顧問　３名
社　員	男性　７３名　　女性　３１名　　パート　１５名
事業所	本社･東京（御茶ノ水）、本部、立川、横浜、渋谷、吉祥寺、郡山、福島、二本松、仙台、ホノルル 研究所：ＪＰＡむさしの研究所　ＪＰＡあだたら研究所
関連企業	株式会社パートナーバンク21 株式会社ＪＰＡ国際コンサルタンツ 株式会社ＪＰＡ不動産クリニック 株式会社ＪＰＡ総合研究所 日本パートナー社会保険労務士法人 日本パートナー行政書士法人
所属団体	東京税理士会・東京地方税理士会・東北税理士会 税務会計研究学会 日本税法学会 日本租税理論学会 租税訴訟学会 中小企業研究学会 日本中小企業家同友会 ＴＫＣ全国会・社会保険労務士会・行政書士会 ＪＰＡ総研グループ友の会・オンリーワンクラブ ＪＰＡ志士の会・不撓不屈の会 ＪＰＡハッピーエンディングノートを広める会

2　平成 20・21 年　重点活動テーマ　表彰事務所　総合一位

TKC全国会　平成 22 年 10 月 11 日

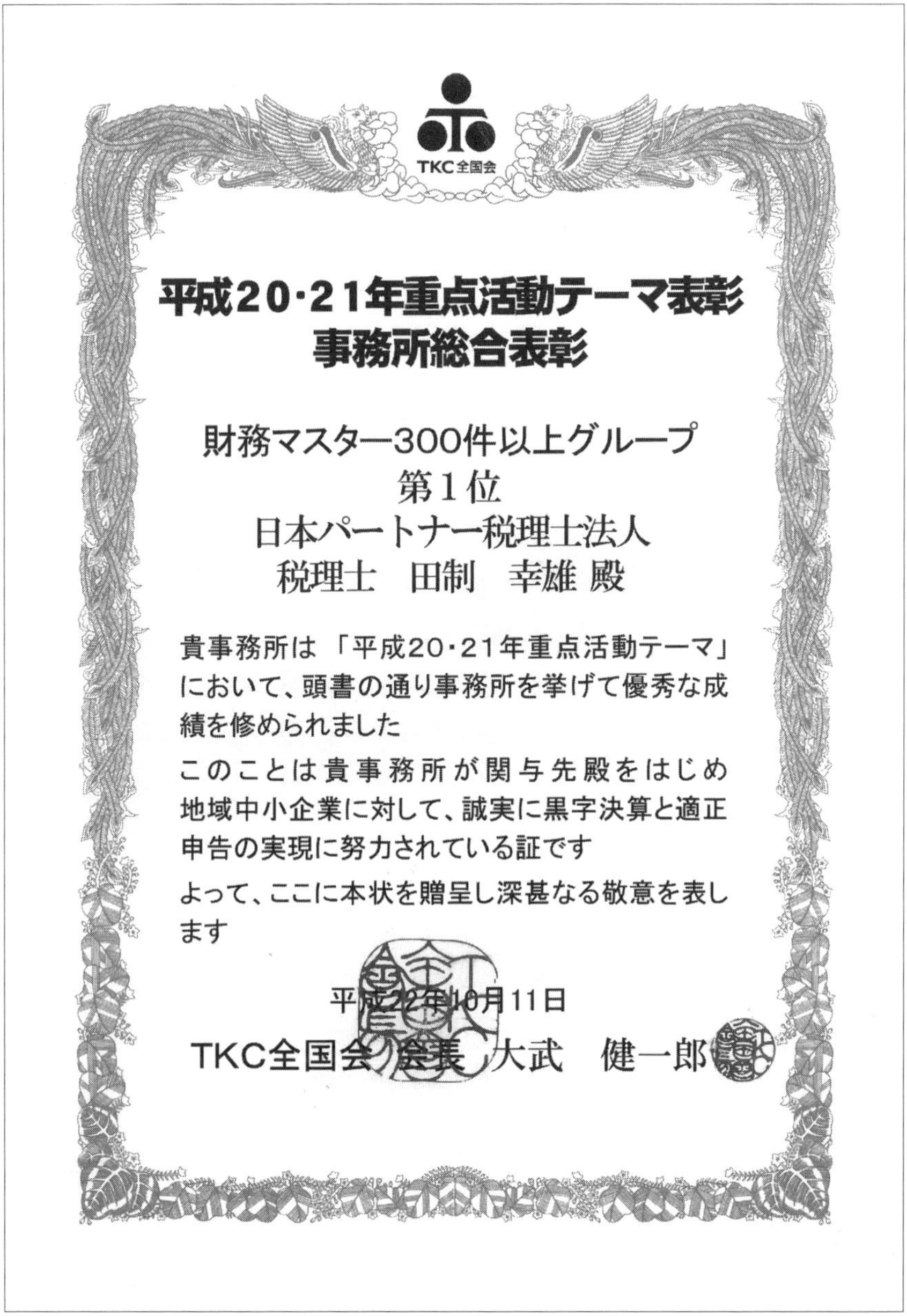

TKC全国会

平成20・21年重点活動テーマ表彰
事務所総合表彰

財務マスター300件以上グループ
第1位
日本パートナー税理士法人
税理士　田制　幸雄 殿

貴事務所は「平成20・21年重点活動テーマ」において、頭書の通り事務所を挙げて優秀な成績を修められました

このことは貴事務所が関与先殿をはじめ地域中小企業に対して、誠実に黒字決算と適正申告の実現に努力されている証です

よって、ここに本状を贈呈し深甚なる敬意を表します

平成22年10月11日

TKC全国会　会長　大武　健一郎

3　ビジネス・イノベーション・アワード　2012　大賞

社団法人　日本経営士会

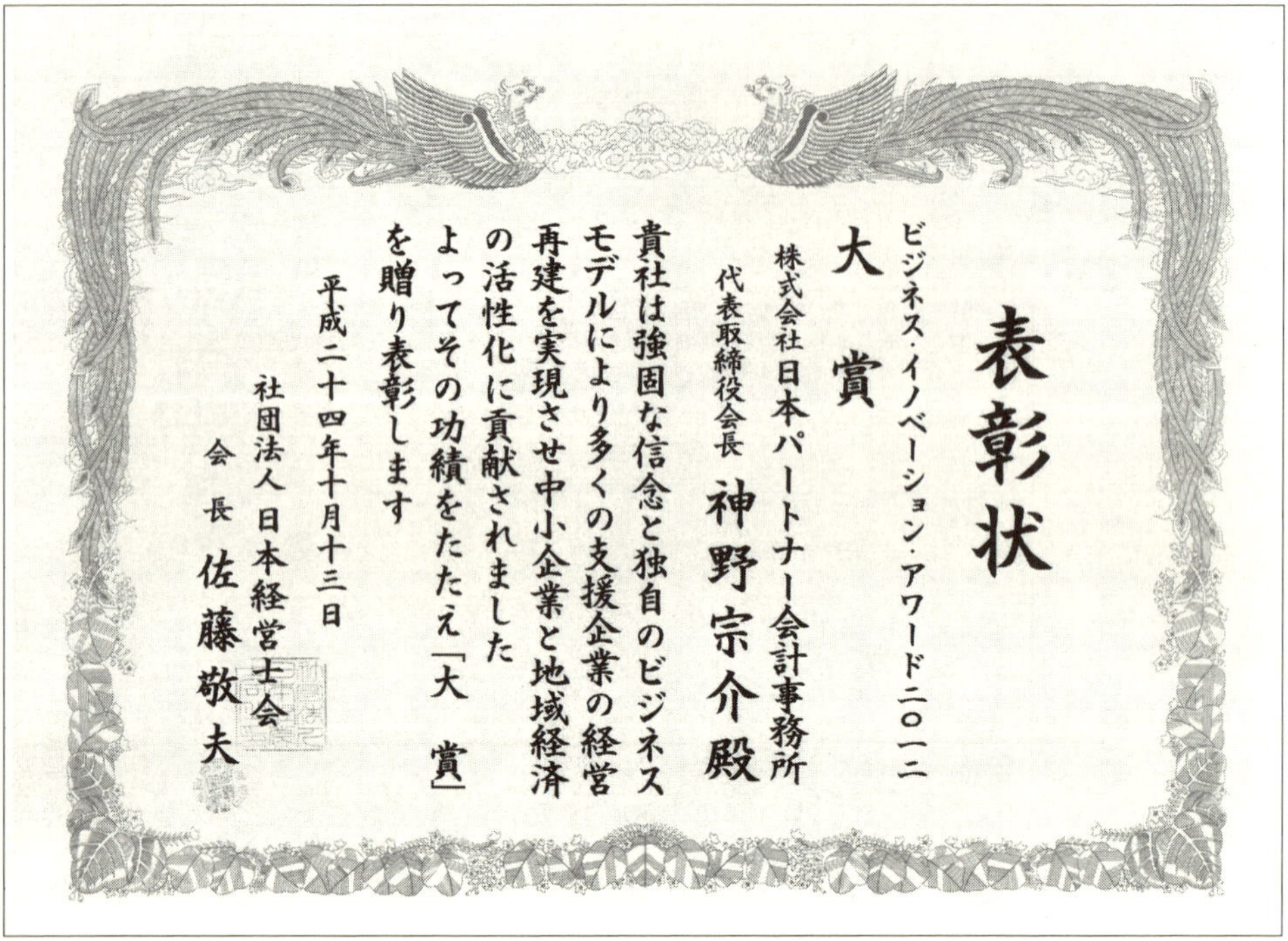
表彰状

ビジネス・イノベーション・アワード二〇一二

大　賞

株式会社日本パートナー会計事務所
代表取締役会長　神野宗介殿

貴社は強固な信念と独自のビジネス
モデルにより多くの支援企業の経営
再建を実現させ中小企業と地域経済
の活性化に貢献されました
よってその功績をたたえ「大　賞」
を贈り表彰します

平成二十四年十月十三日

社団法人　日本経営士会
会　長　佐藤敬夫

4　経営革新等支援機関　認定証

経済産業省　内閣府特命担当大臣　平成 24 年 11 月 5 日

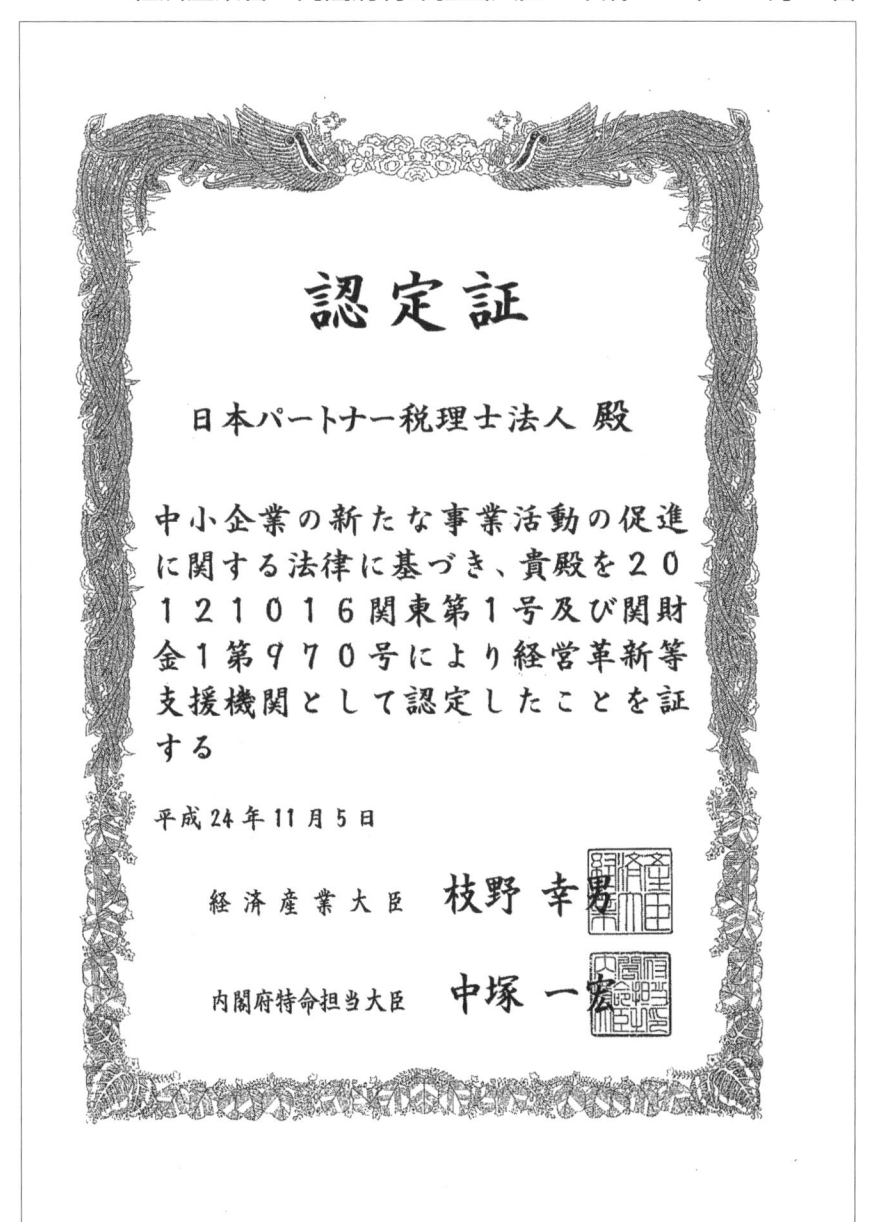

認定証

日本パートナー税理士法人 殿

中小企業の新たな事業活動の促進に関する法律に基づき、貴殿を２０１２１０１６関東第１号及び関財金１第９７０号により経営革新等支援機関として認定したことを証する

平成24年11月5日

経済産業大臣　枝野 幸男

内閣府特命担当大臣　中塚 一宏

5　2012「重点活動テーマ」単年表彰 事務所「FXシリーズ」部門 第一位

TKC全国会　平成25年1月18日

TKC全国会

2012

「重点活動テーマ」単年表彰

事務所「FXシリーズ」部門

第1位

日本パートナー税理士法人

税理士　大須賀弘和殿

貴事務所は

「重点活動テーマ」において

頭書の通り事務所を挙げて

優秀な成績を修められました

このことは貴事務所が関与先殿に対して

誠実に黒字決算と適正申告の実現に

努力されている証です

よってここに本状を贈呈し

深甚なる敬意を表します

平成25年1月18日

TKC全国会 会長　粟飯原 一雄

6　ＪＰＡ総研グループ年四回の儀式の概要

■一月　新春方針発表会
・ＪＰＡ総研グループ新春方針発表（神野代表）
・ＪＰＡ総研グループ社長経営方針発表
・新年の抱負と決意表明（専務、本部長、所長、支社長、部長）他

■四月　社長方針発表会・合同入社式
・合同入社式
・ＪＰＡ総研グループ方針発表（神野代表）
・ＪＰＡ総研グループ社長経営方針発表
・本部長・支社長現況報告と決意表明
・特別賞与の支給　他

■七月　長期事業構想・経営計画発表会
・辞令発表
・社員表彰
・ＪＰＡ総研グループ指針発表（神野代表）
・ＪＰＡ総研グループ社長指針発表
・本部長・支社長の決意表明　他

■十月　ＪＰＡ秋季大学成功体験発表大会
・学長の言葉（神野代表）
・一人一研究成功体験発表・分科会発表
・優秀者の表彰　大懇親会

Ⅳ　家庭サービス目標

1 家庭サービスデー　日　時間

2 住宅・車・家電・etc

3 その他

Ⅴ　本年度重点目標（人生6分野）

家庭面	経済面	社会面
教養面	精神面	健康面

重点目標のコメント

Ⅵ　人生に賭ける中長期目標

（簡単に身近なものでも）

以上

7　私の幸福目標

㈱日本パートナー会計事務所
　代表取締役　大須賀 弘和　殿

平成　　年　　月　　日
㈱日本パートナー会計事務所
支社名
部課名
氏　名

私の幸福目標

私は人生の一回性を深く思い至り、次の通り価値ある目標実現するため下記の通り宣言します。

I　給与目標　　計　　　円

内訳 1　1年間給料　　円
2　1年間賞与　　円
3　特別報奨金　　円
4　決算賞与　　円
5　新規開拓手当　　円
6　保険開拓手当　　円
7　その他手当　　円

II　職務目標

部　　課　　長

III　職能目標

助手職　　初級職　　中級職　　上級職　　管理職

8　マスタープラン

平成24年研修　マスタープラン

㈱日本ﾊﾟｰﾄﾅｰ会計事務所
代表取締役　大須賀 弘和　殿

私は、以下の研修を今年、強い意志をもって継続実行し、自己の実務能力を向上させるとともに、目指す資格にチャレンジする決意であります。

Ⅰ. 業務研修

	TKC 時間	事務所 時間	その他 時間	合計 時間
1. 税務、職業法規				
2. 民、商法				
3. 社労士、登記				
4. MG、経営計画				
5. コンピューター				
6. 生保、損保				
7. 会計学				
合　計				

Ⅱ. 資格研修

目指す資格　＿＿＿＿＿＿＿＿

本年受験するもの　＿＿＿＿＿＿＿＿

学校学習　＿＿＿＿＿＿＿＿時間
（　　曜日　　午前 ・ 午後 ・ 夜 ）

自宅学習　＿＿＿＿＿＿＿＿時間

合計　＿＿＿＿＿＿＿＿時間

＊ 現在までに取得している資格及び科目

＿＿＿＿　＿＿＿＿　＿＿＿＿

＿＿＿＿　＿＿＿＿　＿＿＿＿

平成　　年　　月　　日

氏名　　　　　　　　印

9　私の目標（生産目標）

㈱日本パートナー会計事務所
代表取締役　大須賀 弘和　殿

第 47 期
私 の 目 標

（平成 24年 7月 1日 ～ 平成 25年 6月 30日）

Ⅰ 新規拡大目標　　社
Ⅱ FX2導入指導目標　　社
Ⅲ 保険指導目標　（契約高　　億円）
Ⅳ 生産目標金額（年間）

1. 通常業務報酬

①既存関与先（　社）		円（含個人）
②新規関与先		円
	合 計	0 円

2. MAS業務報酬（新規関与先を含む）

①OA導入指導報酬		円
②保険開拓報酬		円
③経営計画作成指導報酬		円
④その他（相続税対策等）		円
	合 計	0 円
	総 計	0 円

上記目標を達成すべく本気で取り組み最善の努力をいたします。

平成　年　月　日　　支社

主査＿＿＿＿＿＿＿＿

10　ギャップ会議資料

第47期 個人別目標予定実績管理表

支社長印	上長印	担当印

所属支社：　　　　　　　　　　　　氏名：

	個人目標	7月実績	8月実績	9月実績	実績累計	目標達成までの差異	備考
新規開拓	件				件	件	
戦略経営支援	社				社	社	
上記金額	0円				0円	0円	
戦略経営支援（累計）					0社		
上記累計金額					0円		
FX2	社				社	社	
企業防衛	0.0億円				0.0億円	.00億円	
リスマネ	.0万円				.0万円	.0万円	
書面添付	社				社	社	
顧問料改定	円				円	円	
決算料値上	円				円	円	
黒字割合(黒字/決算)	70.0%	0/0	0/0	0/0	0.0%	70.0%	
中期経営計画	社				社	社	
売上高	.0千円	.0千円	.0千円	.0千円	.0千円	.0千円	

11　JPA総研グループ

社是

一、興和

一、共豊

一、奉仕

KIJPA
(株)日本パートナー会計事務所
社長　神野宗介

12 ＪＰＡ総研グループ

社訓

一、素直、感謝、詫び、本気

一、自己責任感、プラス思考

一、目標を鮮やかに想像し熱望

そして　仕事に取り組む

ＫＩＪＰＡ

（株）日本パートナー会計事務所

社長　神野宗介

13　JPA総研グループ　五信条

一、われわれは、関与先企業の正しい防衛と経営発展のために、誠意をこめて奉仕する。

二、われわれは、常に自らに不満と退屈を感じ、常にこれに挑戦する。

三、われわれは、いつも不撓不屈の精神をもって、自分に与えられた責任を完遂する。

四、われわれは、日本一の事務所建設と全社員の幸福のため、職場の規律を厳守する。

五、われわれは、理想をもって進み、燃える情熱と鉄の団結で前進する。

ＫＩＪＰＡ

(株) 日本パートナー会計事務所

社長　神野宗介

14　JPA総研グループ　社員の誓い

一、我々社員一同は会社と家族を守る為、業績向上に努めます。

一、我々社員一同は会社の歴史と実績にプライドを持ち、誇りあるグループづくりを目指します。

一、我々社員一同は初心を忘れず「志」を持って、グループの繁栄と国家社会に貢献致します。

一、我々社員一同は英知と勇気と情熱を持って、活力社会を目指し、価値創造業務に力を合わせ実践断行致します。

一、我々社員一同は40年の暖簾と栄光を大切に、公正な社会を担うグループ社員、立派な勤労学徒たることを誓います。

平成十八年十月吉日　　ＪＰＡ総研グループ　社員一同

15 JPA総研グループ　職員心得

■排除される不良職員

①腰掛け人間

②親不孝者

③挨拶おじぎ礼儀知らず

④勤労学徒の自覚なき者

⑤素直・感謝・詫び・本気のない人間

■絶対にやってはいけないこと

①やりたくないこと

②迷うことと自信がないこと

③責任のもてないこと

④世の為人の為にならないこと

⑤義恩情に反すること

16　ＪＰＡ総研グループ　同志讃歌

同志とは　熱き血潮と情熱を
ともに誓える仕事の仲間

同志とは　流す涙も苦しみも
ともに耐えつつむすびゆく心の友

同志とは　喜びも悲しみも
ともに語り合える人と人

同志とは　いのちの全てをかけても
悔なく目的に精進する友と友

～プロフィール～

神野 宗介　法学修士・尚美学園大学大学院 教授
税理士・経営士・社会保険労務士・行政書士

昭和１６年　６月	福島県二本松市大壇に生まれる
昭和４０年　３月	中央大学商学部卒業
昭和４０年　８月	税理士試験合格
昭和４１年　２月	神野税務会計事務所　開設
昭和４５年　６月	株式会社　ＴＫＣ入会 導入委員・システム委員・研修所常任講師・ＴＫＣ東京中央会会長・ＴＫＣ全国会副会長を歴任
昭和５１年　１月	株式会社日本パートナー会計事務所　設立 代表取締役社長　就任
昭和５１年　２月	社団法人青年会議所運動に没頭し、二本松ＪＣ理事長・日本ＪＣ企業コンサルティング部会長を歴任
昭和５９年１２月	青年会議所を卒業し、同年、同友会運動に参加 その間、福島県中小企業家同友会副理事長を歴任 経営士・社労士・行政書士に登録、ＪＰＡ士々の会を結成活動中
平成　元年　４月	福島県中小企業経友プラザ代表幹事、異業種交流カタライザー登録
平成　９年　８月	株式会社日本パートナー会計事務所代表取締役会長　就任
平成１４年　３月	中央大学法学部大学院法学研究科博士号修士課程修了
平成１９年　４月	尚美学園大学大学院　総合政策研究科教授　就任
平成２３年１０月	日本総合租税実務研究会会長　就任
平成２４年１０月	日本戦略経営研究会会長　就任
現　　在	税務会計研究学会正会員・租税理論学会正会員・日本税法学会正会員 日本経営士会正会員・日本税務会計学会会員 日本中小企業学会正会員・アジア経済人会議会員 会計事務所後継者問題研究会会長 全日本人事ＭＡＳ協会理事長 ＪＰＡ総研グループ 　㈱日本パートナー会計事務所　代表取締役会長 　日本パートナー税理士法人　代表社員 　日本パートナー社会保険労務士法人　代表社員 　日本パートナー行政書士法人　代表社員 　㈱ジェーピーエー国際コンサルタンツ　代表取締役会長 　株式会社パートナーバンク２１　代表取締役会長 　株式会社ＪＰＡ不動産クリニック　会長 ＪＰＡ士々の会　会長 ＪＰＡハッピーエンディングノートを広める会　会長

ＴＫＣ創設者に学ぶ

職業会計人の経営維新

今こそ真に役立つ指導者足れ‼

平成２５（2013）年３月１５日　第１刷発行

著　者　　神野宗介
発行者　　斎藤信二
発行所　　株式会社　高木書房

〒１１４－００１２
東京都北区田端新町１－２１－１－４０２
電　話　０３－５８５５－１２８０
ＦＡＸ　０３－５８５５－１２８１
装　丁　株式会社インタープレイ
印刷・製本　株式会社ワコープラネット

©Sosuke Kamino 2013 Printed Japan ISBN978-4-88471-430-7 C0034